Seiteneinsteiger im Deutschen Bundestag

Stefanie Bailer · Peter Meißner
Tamaki Ohmura · Peter Selb

Seiteneinsteiger im Deutschen Bundestag

Unter Mitarbeit von:
Hanns Koenig
Christoph Kuttig
Jan H. Mohr
Insa Reimers
Jann Spiess
Maximilian Würz

Konstanz

Unterstützt von/ein Projekt der BMW Stiftung Herbert Quandt, dem Tönissteiner Kreis e.V. und dem Studentenforum im Tönissteiner Kreis e.V.

BMW Stiftung
Herbert Quandt

BMW Stiftung
Herbert Quandt

Inhalt

Vorwort 13

Seiteneinsteiger im Deutschen Bundestag – kaum vertreten, chancenarm, aber erwünscht? 15
    Wer ist ein Seiteneinsteiger? 16
    Forschungsziel unserer Studie über Karrierewege im Deutschen Bundestag 17

Der Bundestag als stabiles und professionelles Parlament: Kein Ort für Seiteneinsteiger? 21
    Ansteigendes Alter 21
    Wenig Wechsel 23
    Gut ausgebildet 25
    Beamte und Freiberufler 25

Karrierewege in den Bundestag 31
    Motivation 33
    Selektion 34
    Nominierungsprozess 35
    Parteiämter 37

Seiteneinsteiger finden und analysieren 41
    Die bisherige Identifizierung von Seiteneinsteigern 41

Eine Einführung in die Methode der Studie 43
Datenaufbereitung und -codierung 44
Beschreibende Datenanalyse 47
Bestimmung der Ähnlichkeit von Karriereverläufen 52
Gruppierung der Karriereverläufe 54
Karriereverläufe im Bundestag: Verlauf, Charakteristika
und Verteilung über die Fraktionen 55
Fazit 64

**Werdegang, Verhalten und Ansichten verschiedener Karrieretypen
im Bundestag unter besonderer Berücksichtigung des Karrieretyps
Seiteneinsteiger 67**

    Einleitung 67
    Verteilung der Karrieretypen 67
    Übergang in den Bundestag 68
    Ämter und Mandate 71
    Karriereverlauf im Bundestag 73
    Ausschussverteilung 75
    Repräsentationsverständnis 79
    Einstellungen und Ideologien 83
    Parlamentarisches Abstimmungsverhalten 87
    Fazit 91

**Karriereweg und Arbeitsweise von *Seiteneinsteigern* im
Deutschen Bundestag: Interviews mit Parlamentariern,
Fraktionsführungen und Parlamentsexperten 93**

    Einleitung 93
    Bewertung der Bedeutung der Seiteneinsteiger 95
    Die Motivation für die Kandidatur und der Weg in den Bundestag 99
    Die Arbeit der Seiteneinsteiger im Bundestag 102
        Politische Expertise 102
        Ausschussarbeit 103

Inhalt

Parlamentarisches Arbeiten im Plenum	105
Kontakte und Netzwerke in Fraktion und Parlament	107
Karriereaussichten in der Fraktion und Umgang mit der Fraktionsführung	109
Kontakt zu den Wählern	114
Verhältnis zu Interessengruppen und Umgang mit den Medien	115
Lokale Absicherung	117

Reformbedarf 121

Herausforderungen für *Seiteneinsteiger* 123

Empfehlungen für *Seiteneinsteiger* 125

Zusammenfassung 129

Ausblick 133

Literatur 137
Anhang 143

Tabellen- und Abbildungsverzeichnis

Tabellen

Tabelle 1: Verteilung der Ämter in der 17. Wahlperiode 38

Tabelle 2: Codierung der Karriereschritte (Episoden) vor Eintritt in den Bundestag 45

Tabelle 3: Anzahl der Episoden 49

Tabelle 4: Häufigste Kombination von Episoden in individuellen politischen Karriereverläufen vor Eintritt in den Deutschen Bundestag 49

Tabelle 5: Häufigste Abfolgen biografischer Episoden in individuellen politischen Karriereverläufen vor Eintritt in den Deutschen Bundestag 50

Tabelle 6: Dauer der Episoden in Jahren 51

Tabelle 7: Charakteristika der sechs clusteranalytisch gebildeten Gruppen von Karriereverläufen I 57

Tabelle 8: Charakteristika der sechs clusteranalytisch gebildeten Gruppen von Karriereverläufen II 58

Tabelle 9: Durchschnittliches Alter und durchschnittliche Karrieredauer bis zum erstmaligen Erreichen des Bundestags 68

Tabelle 10: De facto Verteilung von Positionen und Ämtern im Bundestag innerhalb verschiedener Gruppen in Prozent 72

Tabelle 11: Überproportionalität von Ämtern nach Karrieretypen 72

Tabelle 12: Aufteilung der Karrieretypen auf Wahlkreis- und Parteiausschüsse 77

Tabelle 13: Aufteilung der Parlamentarier auf weniger wichtige und wichtige Ausschüsse 78

Tabelle 14: Erste Priorität der Repräsentation von Direktmandaten 80

Tabelle 15: Abstimmungsverhalten bei Konflikten zwischen Partei und Wählern 82

Tabelle 16: Abstimmungsverhalten bei Konflikten zwischen der eigenen Meinung und der Partei 83

Tabelle 17: Zentrale Faktoren bei der Nominierung 84

Tabelle 18: Zustimmung zu Transparenz und Demokratie 85

Tabelle 19: Zustimmung zu Meinungen zu innerparteilichen Strukturen 86

Tabelle 20: Durchschnittliche Abweichung der Parlamentarier von ihrer Partei auf einer Links-Rechts-Skala 87

Tabelle 21: Durchschnittliche Anzahl Abweichungen bei 162 namentlichen Abstimmungen (Stand Dezember 2012) der laufenden 17. Wahlperiode nach Karrieretyp 89

Abbildungen

Abbildung 1: Durchschnittliches Alter der Bundestagsabgeordneten über Fraktion und Zeit 22

Abbildung 2: Anteil der Neuankömmlinge über Fraktion und Zeit 24

Abbildung 3: Verteilung der Berufe über Zeit 27

Abbildung 4: Verteilung der Berufe über Fraktion in der 17. Wahlperiode 28

Abbildung 5: Rekrutierungsmodell nach Norris und Lovenduski (1995) 34

Abbildung 6: Angaben aus dem Kürschner Volkshandbuch des Deutschen Bundestags für die 17. Legislaturperiode: Beispiel Kerstin Andreae 44

Abbildung 7: Codierung des politischen Karriereverlaufs aus Abbildung 6 46

Abbildung 8: Relative Häufigkeiten biografischer Elemente vor Eintritt in den Bundestag nach Lebensalter für die Mitglieder des 17. Deutschen Bundestags (N = 579) 47

Tabellen- und Abbildungsverzeichnis 11

Abbildung 9: Angleichung von Sequenzen durch Einfüge-, Lösch- und Substitutionsoperationen 52

Abbildung 10: Dendrogramm (Ward-Verfahren) der clusteranalytischen Gruppierung individueller Karriereverläufe der Abgeordneten des 17. Deutschen Bundestags 55

Abbildung 11: Indexplots der gruppierten individuellen Karriereverläufe der Abgeordneten des 17. Deutschen Bundestags 56

Abbildung 12: Verteilung der sechs Cluster auf die Fraktionen 62

Abbildung 13: Übergang in den Bundestag nach Alter, Übergangsrate 69

Abbildung 14: Übergangsrate in den Bundestag nach Karrierezeit 70

Abbildung 15: Übergang in alle höheren Positionen im Bundestag nach Karrieretyp 74

Abbildung 16: Übergang in die erste Position im Bundestag nach Karrieretyp 74

Vorwort

Als wir im Frühling 2010 angefragt wurden, ob wir bereit wären, wissenschaftliche Beratung bei dem Projekt „Seiteneinsteiger in der deutschen Politik" des Studentenforums des Tönissteiner Kreises zu leisten, ahnten wir noch nicht, was für eine intensive Zusammenarbeit aus dieser Kooperation entstehen sollte. Aus der Idee, die Rolle von Seiteneinsteigern im Bundestag zu untersuchen, entstand eine dreiteilige Studie, die wir nun im VS Springer Verlag veröffentlichen, um sie einer weiteren Öffentlichkeit zugänglich zu machen. Die Studie liefert damit die Grundlage für eine Diskussion darüber, ob es wünschenswert ist, mehr Seiteneinsteiger im Deutschen Bundestag zu haben. Im Januar 2013 wurde dazu ein Runder Tisch mit Parteiexperten und Bundestagsparlamentariern in Berlin durchgeführt, an einer Podiumsdiskussion im April 2013 wird diese Diskussion fortgesetzt.

Wir danken der BMW-Stiftung Herbert Quandt für ihre finanzielle Unterstützung. Ebenso lernten wir viel von den Kommentaren, der Kritik und profitierten von der Mitarbeit der folgenden Personen (in alphabetischer Reihenfolge): Annette Aigner, Georg Bailer, Roland Bailer, Sebastian Feyock, Anna Locher, Prof. Dr. Thomas Saalfeld, Dr. Wolfgang Zeh. Wir danken besonders Prof. Dr. Philip Manow, Universität Bremen, für die Daten zur Ausschusszugehörigkeit der Parlamentarier, Dr. Bernhard Weßels (Wissenschaftszentrum Berlin) für die Daten der deutschen Kandidatenstudie und der Neuen Darmstädter Verlagsanstalt für die Daten aus dem Kürschner Volkshandbuch in computerlesbarer Form. Wir sind unseren Interviewpartnern äußerst dankbar für ihre Zeit und ihre Auskunftsbereitschaft, denn ohne sie wäre diese Studie nicht möglich gewesen.

Stefanie Bailer, Peter Meissner, Tamaki Ohmura, Peter Selb

Seiteneinsteiger im Deutschen Bundestag – kaum vertreten, chancenarm, aber erwünscht?

Im Rahmen der zahlreichen Diskussionen über Politikverdrossenheit wird immer häufiger Kritik an Berufspolitikern laut. Ihnen wird vorgeworfen, die Wählerinnen[1] und Wähler nur ungenügend zu repräsentieren, einer abgehobenen Elite anzugehören und in bestimmten Lebens- und Arbeitsbereichen zu wenig Expertise zu besitzen. Aufgrund ihrer langen Zugehörigkeit zu einer Partei, ihres Wegs durch zahlreiche Ämter und Gremien – der sogenannten „Ochsentour" – und ihres teilweise frühen Einstiegs in die Berufspolitik vermuten viele eine persönliche Entwicklung, die die Politiker vom tatsächlichen Leben und den Problemen ihrer Wähler abrückt und schließlich zu einer lebensferneren Politik führt, die die Bürger nicht mehr verstehen und nachvollziehen können. Weil ein Mandatsträger sich auf innerparteiliche Konflikte konzentrieren und seine nächste Kandidatur sichern muss, befürchten manche eine Entfremdung von der Berufswelt und den Wünschen der Wähler. Umgekehrt werden Außenseitern angesichts der bestimmenden Rolle der Parteien im Rekrutierungsprozess geringe Chancen bei einer Kandidatur nachgesagt, da ihnen kein „Stallgeruch" anhaftet und sie weniger Netzwerke in den Parteien besitzen, obwohl sie in anderen Gebieten Verdienste erworben haben. In der Konkurrenz mit etablierten Parteipolitikern haben Seiteneinsteiger somit das Nachsehen.

Dennoch kann vereinzelt beobachtet werden, dass vorbei an allen Parteigremien Seiteneinsteiger wie z.B. Bundespräsident Joachim Gauck für politische Positionen ausgewählt werden. Dies fassen Beobachter als Schachzug gegen die Politikverdrossenheit und als „Symbolpolitik"[2] mit neuen Gesichtern auf. Mit Seiteneinsteigern wird die Hoffnung auf „eigenständige Köpfe" verbunden, die nicht in der „abstoßenden Ochsentour des Parteienwesens"[3] groß geworden

---

1   Aus Gründen der leichteren Lesbarkeit verwenden wir im folgenden Bericht die männliche Form, meinen aber stets Parlamentarierinnen und Parlamentarier, Wählerinnen und Wähler etc.
2   http://www.handelsblatt.com/politik/deutschland/seiteneinsteiger-politische-karrieren-ohne-ochsentour/3433412.html [Zugriff 12. Dezember 2012)]
3   Parteiforscher Franz Walter in http://www.spiegel.de/politik/deutschland/praesidentendebatte-warum-es-seiteneinsteiger-in-der-politik-so-schwer-haben-a-698870.html [Zugriff 12. Dezember 2012]

sind, die unabhängige Ansichten und neuartige Berufs- und Lebenserfahrung in den parlamentarischen Entscheidungsprozess einbringen. Einerseits strebt man danach, bestimmte Bevölkerungsgruppen besser zu repräsentieren, andererseits erhofft man sich mehr Wissen und alternative Ansichten, die von jenen eines Berufspolitikers abweichen (z. B. in Mögel, 2008). Annemarie Renger, frühere Bundestagspräsidentin, ist eine typische Kritikerin der klassischen Politkarrieristen: „Ohne Jahre im Beruf gibt es auch keinen Reifeprozess, der für wirklich weitblickende Gesetzesarbeit unerlässlich ist." (Börnsen, 2006, S. 43).

Wer ist ein Seiteneinsteiger?

Eine einheitliche Definition von Seiteneinsteigern existiert nicht. Eine plausible Definition ist die des Parlamentariers, dessen Weg zum Mandat von der klassischen „Ochsentour" abweicht (Lorenz & Micus, 2009, S. 12). Eine andere versteht *Seiteneinsteiger* als Parlamentarier ohne vorherige politische Erfahrung (Borchert & Stolz, 2003, S. 156). Diese Definitionen schließen eine langjährige Parteimitgliedschaft nicht aus, solange sie passiver Natur und mit keinen politischen Ämtern oder Parteifunktionen verbunden ist. Mit *Seiteneinsteigern* verbinden Kritiker des etablierten Systems den Wunsch nach Politikern, die andere Erfahrungen gemacht haben als den klassischen Gang über Partei- und öffentliche Ämter auf der Lokalebene. *Seiteneinsteiger* sollen Kenntnisse in vielfältigen Lebens- und Arbeitsbereichen anbieten, sich gegen Lobbyisten durchsetzen und die Chance auf einen Politikausstieg haben, damit sie nicht vollständig vom Politikbetrieb abhängig sind (Mögel, 2008, S. 3).

Häufig wird angesichts dieser positiven Aspekte jedoch übersehen, dass Seiteneinsteiger zumindest zu Beginn ihrer politischen Karriere meist keine Unterstützung durch die Parteibasis haben und somit sowohl bei der Nominierung als auch dem weiteren Karriereweg stark von der nationalen Parteiführung abhängen (Lorenz & Micus, 2009). Die von Parteiführungen praktizierte Methode, in bestimmten Wahlkreisen junge, vielversprechende Kandidaten zu platzieren, um dort Stimmen zu gewinnen, wird auch „Parachutage"[4] genannt (Pedersen, Kjaer, & Eliassen, 2007). Im US-amerikanischen System bezeichnet man diese Kandidaten „carpet bagger", weil sie mit ihren Reisetaschen in die Provinz geschickt werden. Im Gegensatz zu den „native sons" besitzen sie keine besondere Verbindung mit der dortigen Wählerschaft. Deshalb haben sie nach Erhalt eines Mandats durchaus die Tendenz, sich um eine lokalpolitische Absicherung zu bemühen.

---

4 Fallschirmabwurf (frz.)

Vernachlässigt wird in der Diskussion um Seiteneinsteiger auch, dass ihnen zum Teil spezifische politische Fähigkeiten und Erfahrungen etwa mit der Presse fehlen, die andere Abgeordnete über Jahre sammeln und aufbauen können (Mögel, 2008, S. 20). Ungeachtet der von ihnen erwarteten Expertise und Außenperspektive wird ihnen vorgeworfen, nicht geeignet zu sein für die „Umwege, Zugeständnisse und Unschärfen" der Politik, so dass sie nicht mit den „Hunderten von Interessen, Einstellungsmustern, Vetogruppen" umgehen könnten[5].

Weitgehend ungeklärt ist in der bisherigen Forschung, wie ein Seiteneinsteiger identifiziert werden kann und zu welchem Anteil er im derzeitigen deutschen Parlament vertreten ist. Die Schwierigkeiten und Herausforderungen der *Seiteneinsteiger* wurden bisher nur in Fallstudien (z. B. Lorenz & Micus, 2009; Mögel, 2008) untersucht, so dass z. B. wenig bekannt ist über die eigentliche Arbeit und die späteren Karrierechancen der Seiteneinsteiger. Überdies ist offen, ob es neben den Seiteneinsteigern und der typischen „Ochsentour" weitere Karrierewege gibt, die bisher nicht systematisch betrachtet wurden.

Forschungsziel unserer Studie über Karrierewege im Bundestag

In der vorliegenden Studie identifizieren wir die Seiteneinsteiger und die Parlamentarier mit anderen Karrierewegen für die 17. Wahlperiode des Deutschen Bundestags (2009-2013). Weiterhin untersuchen wir, wie sich diese Karrierewege auf die politische Arbeit der Volksvertreter auswirken und mit welchen spezifischen Herausforderungen die Parlamentarier konfrontiert sind. Eine Vielzahl von Daten – Lebenslaufinformationen, Umfragen unter Parlamentariern, ihr Abstimmungsverhalten und ausführliche Interviews – liefert die Grundlage für diese ausführliche Untersuchung zu Seiteneinsteigern im deutschen Parlament. Damit bieten wir als erste Studie eine quantitative Analyse der Lebensläufe aller Parlamentarier und ergänzen diese mit qualitativen Informationen, die wir aus Interviews mit Seiteneinsteigern, anderen Parlamentariern, Fraktionsvorsitzenden und Parlamentsexperten gewinnen konnten. Zusätzlich greifen wir auch auf weitere Datensätze zum Abstimmungsverhalten und schon existierende Umfragen zurück, um eine möglichst umfassende Analyse der Parlamentarier vorzulegen.

Die Untersuchung der parlamentarischen Karriereverläufe soll unser Verständnis der Einflussfaktoren auf Entscheidungen und Einstellungen der Volksvertreter vertiefen. Gemäß Grundgesetz ist ein Parlamentarier seinem Gewissen verpflichtet und kann seine Einstellungen und Überzeugungen bei Abstimmun-

---

5 Siehe Fußnote 3

gen im Parlament somit frei zum Ausdruck bringen. Gleichzeitig wird ein Parlamentarier mit vielen Wünschen verschiedener „Auftraggeber" konfrontiert, die eine Vertretung ihrer Interessen erwarten. So erhoffen sich die Wähler, dass die Volksvertreter ihre Interessen repräsentieren. Ähnliche Wünsche werden auch von Interessengruppen formuliert. Vor allem fordert auch die Partei bzw. die politische Fraktion im Parlament ein einheitliches Stimmverhalten von ihren Mitgliedern. Fraktionen sind am einheitlichen Abstimmen ihrer Abgeordneten interessiert, um ihre maximale Stimmenkraft im Abstimmungskampf einzusetzen. Damit bewahren sie ihre Glaubwürdigkeit gegenüber den Wählern und schützen ihren Parteinamen (Mitchell, 1999; Müller, 2000).

Der Einfluss der Einstellungen, Wähler, Interessengruppen und der Partei wurden bisher in verschiedenen politikwissenschaftlichen Studien untersucht. Als maßgeblich für die parlamentarischen Entscheidungsprozesse versteht die bisherige Literatur vor allem die Wähler und die Partei, deren unterschiedlicher Einfluss häufig anhand des Wahlmodus (Listen- oder Direktmandat) gemessen wird (Sieberer, 2010), sowie Interessengruppen oder andere gesellschaftliche Gruppierungen, deren Einfluss anhand von Umfragedaten erhoben werden kann (Benedetto & Hix, 2007). Die Ergebnisse sind nicht eindeutig und es bleibt offen, ob Umfragedaten und der Wahlmodus die geeignetsten Variablen sind, um das Verhalten eines Parlamentariers zu erklären.

Weniger stark beleuchten bisherige Studien die Frage, welchen Karriereweg ein Parlamentarier bis zu seinem Eintritt in den Bundestag verfolgte. Dieser Karriereweg reflektiert unserer Auffassung nach auch, welche Beziehung zur Partei und zu den Wählern ein Parlamentarier auf seinem bisherigen Lebensweg hatte. Aus der Länge der Parteimitgliedschaft und aufgrund der Ämter auf lokaler Parteiebene, die ein Parlamentarier innehatte, kann abgelesen werden, welchen Stellenwert die lokale im Vergleich zur nationalen Partei hat. So können wir ein weniger fraktionstreues Verhalten erwarten, wenn Parlamentarier eine starke lokale Parteibasis besitzen, im Gegensatz zu Seiteneinsteigern, die auf keine lange Parteikarriere zurückblicken. Wir sind daher der Ansicht, dass der Karriereweg eine bisher vernachlässigte Variable in der Analyse von parlamentarischen Entscheidungsprozessen darstellt.

In der folgenden Studie untersuchen wir biografische Daten zu deutschen Parlamentariern und präsentieren Informationen zu ihren Lebensläufen und Karrierewegen. Zunächst knüpfen wir an die existierende Forschung im Bereich der Parlamentssoziologie an (z. B. Best, Hausmann, & Schmitt, 2000) und legen dar, dass sich das recht stabile Muster von deutschen Parlamentarierkarrieren bis heute fortsetzt. Zunächst stellen wir den bisherigen Forschungsstand vor und erläutern, wie der Weg in den Bundestag gestaltet ist und wie stark er von einem Weg durch die Parteigremien abhängt. Dieser erste Teil zeigt auch, dass die Karrierewege von deutschen Parlamentariern bisher wenig systematisch untersucht wurden. Dieser Mangel führt dazu, dass wir kaum Kenntnisse über die Existenz, das Ausmaß und das Verhalten von Seiteneinsteigern besitzen.

Deshalb gehen wir über die Ansätze der bisherigen Forschung hinaus und analysieren mit Hilfe einer Sequenz- und Clusteranalyse Karriereverläufe der Abgeordneten im aktuellen Bundestag, um festzustellen, ob es typische Karrierewege gibt. Die Datengrundlage für diese Untersuchungen ist Kürschners Volkshandbuch mit den Kurzbiografien der deutschen Parlamentarier seit der 14. Legislaturperiode (1998) bis zur 17. Legislaturperiode. Für den ersten Teil der Datenanalyse verwenden wir die Daten von 1262 Abgeordneten (1998 bis 2010), in der ausführlicheren Sequenzanalyse sind die Daten der 622 Parlamentarier, die für die 17. Legislatur des Bundestags gewählt wurden. Die folgende Darstellung von Alter und Mandatslänge sowie der vor Eintritt in den Bundestag ausgeübten Berufe erlaubt, die Rolle und den ungewöhnlichen Karriereweg des Seiteneinsteigers besser einzuordnen.

Der Bundestag als stabiles und professionelles Parlament: Kein Ort für Seiteneinsteiger?

Ansteigendes Alter

Der Bundestag wird im internationalen politikwissenschaftlichen Vergleich als sehr stabiles und stark institutionalisiertes Parlament (Hibbing, 2002) wahrgenommen, in dem etablierte Abgeordnete und nicht Neueinsteiger dominieren (Cotta & Best, 2000, S. 504). Im Verlauf der letzten Jahrzehnte wurden die deutschen Parlamentarier professioneller und verblieben für immer längere Zeit im Bundestag. Als Indikatoren für eine zunehmende Professionalisierung des Parlaments gelten dabei das Durchschnittsalter bei Amtsantritt und die durchschnittliche Anzahl von Jahren, die die Politiker als Abgeordnete fungieren (Saalfeld, 1997). Zwischen 1949 und 1998 schwankte das Durchschnittsalter der Abgeordneten zwischen 46 und 52 Jahren (Best & Cotta, 2000, S. 184). In unserem Beobachtungszeitraum von 1998 bis 2010 beträgt das Durchschnittsalter der Parlamentarier 47 Jahre, bei der Wahl für die 17. Wahlperiode 49 Jahre. Dieses Durchschnittsalter ist relativ konstant über unsere drei beobachteten Legislaturperioden hinweg; etwas mehr Varianz erhalten wir bei der Betrachtung der verschiedenen Fraktionen.

Wir stellen fest, dass das Durchschnittsalter in den großen Fraktionen CDU/CSU und SPD fast konstant am höchsten ist und es bei den Grünen und Linken erst deutlich niedriger lag, aber nun ansteigt. Die FDP ersetzte ihr Personal dermaßen, dass in den letzten zwei Legislaturperioden deutlich jüngere Abgeordnete Mandate übernehmen konnten. So sind in der FDP-Fraktion 31 Prozent der Abgeordneten jünger als 40 Jahre, gefolgt von Bündnis 90/Die Grünen (26 Prozent), Die Linke (21 Prozent), der CDU/CSU-Fraktion (17 Prozent) und der SPD-Fraktion (12 Prozent).

Der Anteil der Abgeordneten unter 40 Jahren stieg in den letzten vier Legislaturperioden von 13 auf 19 Prozent im 17. Bundestag an, was dafür spricht, dass auch recht junge Politiker bereits eine Politkarriere einschlagen können. Unter diesen jungen Abgeordneten finden sich auffällig viele Angestellte politischer und gesellschaftlicher Organisationen, häufig auch Mitarbeiter von Fraktionen oder Mitarbeiter von Parlamentariern (Kintz, 2010, S. 503).

Abbildung 1: Durchschnittliches Alter der Bundestagsabgeordneten über Fraktion und Zeit

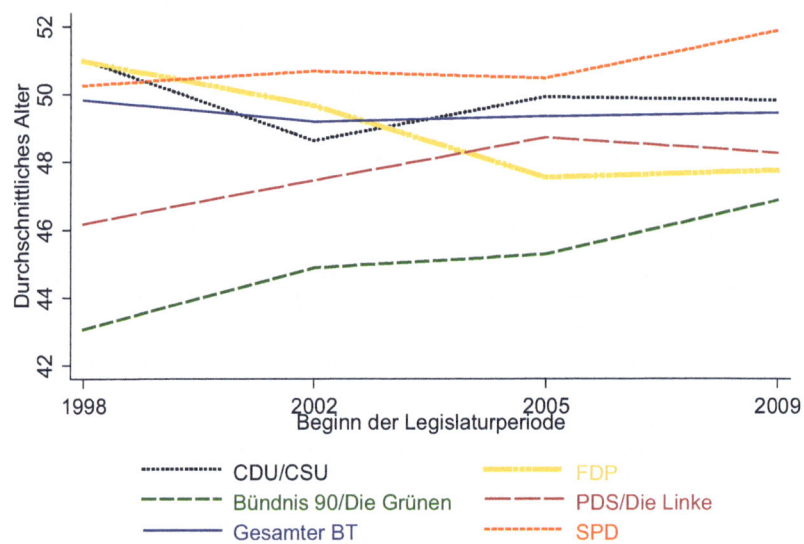

Wenn Parlamentarier einmal gewählt sind, ist ihre Verbleibchance im Bundestag recht hoch: unsere Daten zu den letzten vier Legislaturperioden zeigen, dass die durchschnittliche Verbleibdauer von Parlamentariern 2,8 Legislaturperioden oder 11,2 Jahre[6] beträgt. Diese zunehmende Mandatslänge entspricht dem von Saalfeld (1997) festgestellten Trend, wonach die Zeit im Parlament von 1949 bis 1994 letztlich bis zu einem Wert von 10,5 Jahren fast stetig zunahm. In den Jahren nach 1990 sank die durchschnittliche Verbleibzeit aufgrund der neuen Abgeordneten aus den östlichen Bundesländern leicht. Diese Zahl ist im Vergleich mit früheren Forschungsergebnissen, die eine durchschnittliche Verbleibdauer von mehr als drei Legislaturperioden (13,6 Jahre) ausweisen (Best & Jahr, 2006), et-

---

6   Da die Zeitspanne der Legislaturperioden variiert, wird im internationalen Vergleich häufiger mit durchschnittlichen Legislaturperioden als mit Amtsjahren gerechnet.

was gesunken. Im internationalen Vergleich ist der deutsche Wert immer noch sehr hoch – höher etwa als in Frankreich (2,62 Legislaturperioden), den Niederlanden (2,4) oder Italien (2,2) (Best & Jahr, 2006).

Interessanterweise ist nach Erhalt des Mandats die politische Karriere jedoch weiterhin von Unsicherheit geprägt, da Parlamentarier ihr Mandat trotz der Vorteile des Amtsinhabers nicht mit Sicherheit behalten (Borchert & Stolz, 2003, S. 153). Ungeachtet des durchschnittlich langen Verbleibs im Bundestag scheint die subjektive Wahrnehmung der Unsicherheit gemäß Parlamentarierumfragen doch recht ausgeprägt (Borchert & Stolz, 2003).

Wenig Wechsel

Die hohe Verbleibdauer spiegelt sich in der geringen „Turnoverrate", welche die Rate der Neuankömmlinge in jeder Legislaturperiode erfasst. Diese sank in der Bundesrepublik zwischen 1957 und 1998 von 31 Prozent (1957) auf 21 Prozent im Jahr 1987 (Weßels, 1997, S. 86). In unserem Beobachtungszeitraum von 1998 bis 2010 liegt sie zwischen 23 Prozent zu Beginn der 14. Wahlperiode (1998) und 28 Prozent im Jahr 2002, sinkt wieder auf 22 Prozent im Jahr 2005 und steigt auf 31 Prozent zu Beginn der 17. Wahlperiode im Jahr 2009. Vergleichbar ist die Rate in den USA (22 Prozent), in Großbritannien (24 Prozent) und Japan (25 Prozent), höher in Österreich (29 Prozent), Frankreich (42 Prozent) und weniger lange etablierten Parlamenten wie Brasilien (47 Prozent) (Matland & Studlar, 2004). Eine Turnoverrate zwischen 20 und 40 Prozent wird als normal angesehen; unter 20 Prozent wird die Herausbildung von oligarchischen Strukturen befürchtet, während eine Rate von über 40 Prozent ohne systembedingte Ursache, etwa ein Wandel des Wahlsystems, eher Instabilität indiziert (Best et al., 2000, S. 184-185). In *Abbildung 2* stellen wir dar, wie der Prozentsatz der Neuankömmlinge im Durchschnitt über alle Parteien und zwischen den Parteien in den letzten vier Legislaturperioden variiert.

Abbildung 2: Anteil der Neuankömmlinge über Fraktion und Zeit

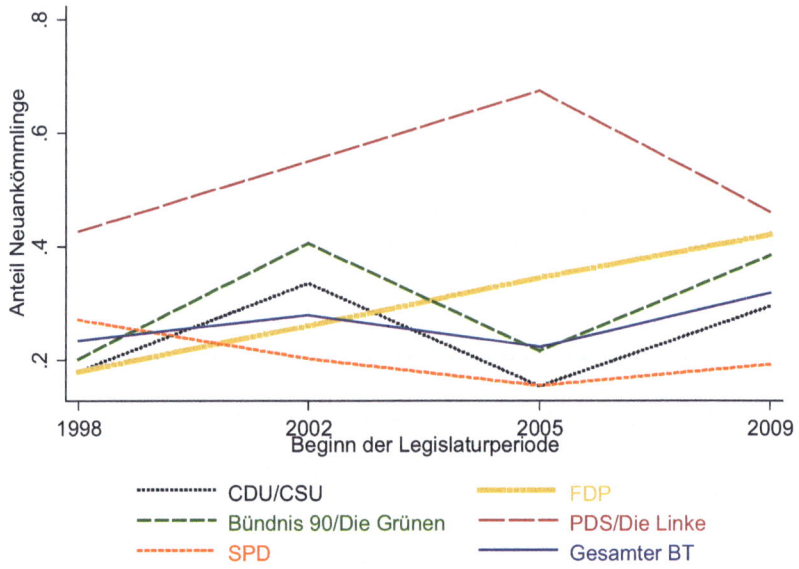

Es zeigt sich, dass der Prozentsatz der Neuankömmlinge über die Parteien hinweg unterschiedlich ist. Während er in der Linken generell sehr hoch ist, ist er in der SPD am tiefsten, was sich auch dadurch erklärt, dass sie in der Wahl 2009 massive Sitzverluste zu verzeichnen hatte (von 222 auf 146 Mandate). Während die CDU/CSU und Bündnis 90/Die Grünen bei der Bundestagswahl 2002 eine deutlich höhere „Turnoverrate" hatten und mehr neue Mandatsträger erhielten, war dieser Anteil in der darauffolgenden Wahl 2005 deutlich geringer, stieg aber 2009 wieder an. Stetig ansteigend ist der Prozentsatz der neuen Abgeordneten in der FDP; ein besonders deutlicher Anstieg erfolgte nach der ausgesprochen erfolgreichen Bundestagswahl 2009, in der die FDP im Vergleich zu 2005 4,7 Prozent respektive 32 Sitze gewann und somit auf 93 Sitze kam. Die unterschiedlich hohen Turnoverraten sind daher zum Teil auf innerparteiliche Erneuerungsprozesse bzw. größere Verluste oder Gewinne bei den Wahlen zurückzuführen. Diese allgemeinen Informationen zum steigenden Alter und zur längeren Verbleibdauer deuten schon darauf hin, dass Seiteneinsteiger im Deutschen Bundestag eher selten sind.

Gut ausgebildet

„Kein Parlament dieser Welt reflektiert die soziale Zusammensetzung seiner Wählerschaft" (Weßels, 1997, S. 81) – diese Aussage aus den 1990er Jahren trifft auch auf den Deutschen Bundestag zu. Der typische Parlamentarier stammt aus der Mittelklasse (Cotta & Best, 2000) und ist durchschnittlich besser ausgebildet als seine Wähler (Hibbing, 2002). Gerade der Bildungsunterschied zwischen Parlamentariern und Bevölkerung vergrößerte sich im Lauf der zurückliegenden Jahrzehnte immer stärker (Weßels, 1997), und der Anteil der Parlamentarier mit einem Universitätsabschluss stieg von 1949 mit ca. 50 Prozent auf ca. 70 Prozent an (Best et al., 2000, S. 151), die Abiturientenquote stieg in den letzten vier Legislaturperioden von 57 auf 71 Prozent. Außerdem besitzen 16 bis 19 Prozent der Abgeordneten in den zurückliegenden Legislaturperioden unseres Datensatzes einen Doktortitel. Demokratietheoretisch ist dies legitimierbar, wenn man annimmt, dass höhere Bildungsabschlüsse mit Fähigkeiten einhergehen, welche die Ausübung eines politischen Amts erleichtern, wie etwa öffentliches Reden oder die Verarbeitung großer Mengen an Information. Eine parlamentarische Versammlung soll somit nicht den Bildungsgrad der Bevölkerung widerspiegeln, sondern sie hat vielmehr die Aufgabe, nach Lösungen zu suchen, die eine Bevölkerungsmehrheit akzeptabel fände, wenn sie Zeit für Information und Beratung hätte (Patzelt, 1999a, S. 246).

Beamte und Freiberufler

Im deutschen Kontext ist Max Weber in seinem Vortrag „Politik als Beruf" wohl der bekannteste Vertreter der These, dass es für Politiker ein Leben für die Politik und von der Politik gebe. Diese Idee legte den Grundstein für eine bis heute andauernde Debatte über die Bedeutung von Berufspolitikern. Schon seit Ende des 19. Jahrhunderts existierten Berufspolitiker im Reichstag, die ausschließlich von der Politik lebten, neben sogenannten Honoratiorenpolitikern. Dahingegen nahm der Anteil der Berufspolitiker im neugegründeten Bundestag ab 1949 stark zu, ähnlich wie in den meisten Parlamenten der westlichen Welt (Saalfeld, 1997). Dies ist sicherlich der zunehmenden Komplexität und den zeitlichen Anforderungen des Abgeordnetenmandats geschuldet, die eine nebenberufliche Tätigkeit kaum zulassen. Betrachtet man die im Bundestag vertretenen Berufsgruppen, so sieht man, dass die parlamentarische Karriere vor allem von den Professionen eingeschlagen wird, die eine hohe Abkömmlichkeit besitzen und in denen Fähigkeiten geübt werden und erwünscht sind, die auch im Politikerleben nützlich sind.

Aus demokratietheoretischer Sicht sind die Berufe der Abgeordneten hinsichtlich der Beziehung zum Arbeitgeber und der Expertise für den Gesetzgebungsprozess relevant. Die Abhängigkeit vom Arbeitgeber ist gerade im Fall der öffentlichen Angestellten insofern problematisch, als sie in ihrer Funktion als Abgeordnete just über das Budget ihres früheren und womöglich späteren Arbeitgebers mitentscheiden. Allerdings kann nie von einer absoluten Unabhängigkeit der Abgeordneten ausgegangen werden, so dass man dieser Gefahr wohl nur mit einer Offenlegung aller beruflichen und interessegebundenen Loyalitäten begegnen kann. Außerdem sagt der Beruf auch etwas über die Expertise von Abgeordneten aus, die in einer komplexer werdenden Gesellschaft anspruchsvolle Themenfelder zu behandeln haben. Eine reiche Expertise in bestimmten Gebieten ist wünschenswert, da Parlamentarier somit weniger von externen Informationsressourcen wie Interessengruppen oder von der Exekutive in den Ministerien abhängig sind (Patzelt, 1999a, S. 254).

Die sogenannte Abkömmlichkeit im Beruf wird gerade in der deutschen Literatur gerne verwendet, um zu begründen, welche Berufssparten besonders häufig im Parlament vertreten sind. In der Forschung oft thematisiert wird die Entbehrlichkeit der Angestellten des öffentlichen Dienstes. Je nach Studie bewegt sich der Anteil der Staatsbediensteten im Bundestag um die 45 Prozent, worunter Angestellte der Verwaltung genauso fallen wie Lehrer und Professoren (Patzelt, 1999a, S. 253; Weßels, 1997, S. 84). Dies ist ein erstaunlich hoher Prozentsatz angesichts der Tatsache, dass die Abkömmlichkeit zumindest formell – geregelt in Abschnitt 2 des Gesetzes über die Rechtsverhältnisse der Mitglieder des Deutschen Bundestags (AbgG) – nicht nur die Anstellungen der Staatsangestellten schützt. Schutz vor Diskriminierung wird nämlich allgemein gewährt, wobei auch festgelegt wird, dass man sich für den Wahlkampf beurlauben lassen kann, dass aufgrund einer Kandidatur oder des Amts nicht gekündigt werden darf und dass die Zeit im Bundestag an die Betriebszugehörigkeit angerechnet wird.

Trotz dieser Regelung zeigen auch unsere Daten, dass im Bundestag – wie in den meisten europäischen Parlamenten – Angestellte aus dem Dienstleistungsbereich dominieren. Hervor sticht dabei besonders der öffentliche Sektor, darunter etwa die Lehrer (Cotta & Best, 2000). Seit 1949, als sie 39 Prozent der Abgeordneten stellten, bis Mitte der 1990er Jahre, als ihr Anteil sogar 50 Prozent betrug, gehörten öffentlich Angestellte zur dominantesten Berufsgruppe im Deutschen Bundestag (Best et al., 2000, S. 171). Sie genießen Arbeitsplatzsicherheit und scheinen keine Karriererückschläge zu riskieren, wenn sie ein Mandat übernehmen. Aktuell ist ihr Anteil aber sinkend, und im derzeitigen Bundestag fiel der Anteil der Beamten erstmals unter 30 Prozent (Kintz, 2010, S. 493).

Beamte und Freiberufler

In *Abbildung 3* listen wir die Berufsverteilung für die letzten drei Legislaturperioden[7] auf – augenfällig bleibt dabei die starke Vertretung des öffentlichen Diensts (ca. 26 Prozent).

Abbildung 3: Verteilung der Berufe über Zeit

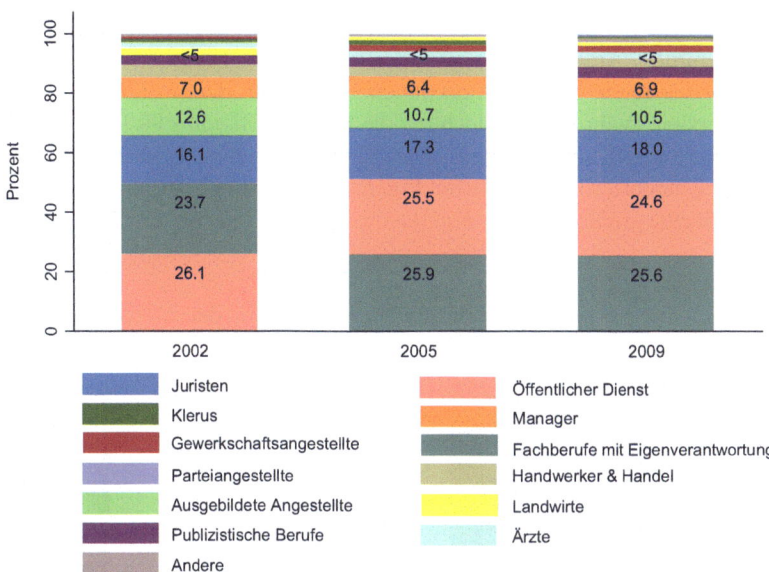

Neben den Beamten sind im Bundestag Freiberufler stark vertreten, insbesondere Anwälte und Notare (Kintz, 2010, S. 497), da bei ihnen mutmaßlich auch eine größere Abkömmlichkeit gegeben ist als bei Angestellten im Wirtschaftsbereich. Tendenziell verringerte sich aber der Anteil der Anwälte und Juristen im Bundestag (dies im Gegensatz zu den USA und Frankreich und südeuropäischen Ländern); in den drei letzten Legislaturperioden beträgt der Anteil der Anwälte zwischen 16 und 18 Prozent. Dahingegen stieg der Anteil der Parlamentarier mit allgemeineren Universitätsabschlüssen, z. B. aus den Geistes- und Sozialwissen-

---

7 Für die 14. Legislaturperiode enthält das Kürschner Handbuch nicht so ausführliche Angaben über Berufe, so dass wir uns entschlossen, bei den Berufen nur die letzten drei Legislaturperioden zu untersuchen.

schaften (Best et al., 2000, S. 166). Der Berufskategorie der Manager mit Führungserfahrung in der Privatwirtschaft sind nur ca. 7 Prozent der Parlamentarier zuzuordnen, wobei der Anteil von Geschäftsleuten und Experten aus der Wirtschaft in den letzten Jahrzehnten stetig gesunken ist (Best et al., 2000, S. 155). Weniger als 2 Prozent der Mitglieder des Bundestags (MdB) sind Landwirte und weniger als 5 Prozent Handwerker und Kaufleute.

In *Abbildung 4* ist die Berufsverteilung in den Fraktionen dargestellt. Diese zeigt deutlich, in welchem Maß der öffentliche Dienst vor allem bei SPD und CDU/CSU dominiert. Anwälte sind eher in den bürgerlichen Fraktionen von CDU/CSU und FDP vertreten. In diesen Fraktionen sind auch verhältnismäßig viele Manager zu finden. Während dies auch auf die Fraktion Bündnis 90/Die Grünen und Die Linke zutrifft, sind Manager in der SPD praktisch nicht vorhanden. Die Anteile der Kategorie „Fachberufe mit Eigenverantwortung" variieren stark; da diese jedoch eine große Bandbreite an Berufen umfasst, ist eine Einordnung schwer.

Abbildung 4: Verteilung der Berufe über Fraktion in der 17. Wahlperiode

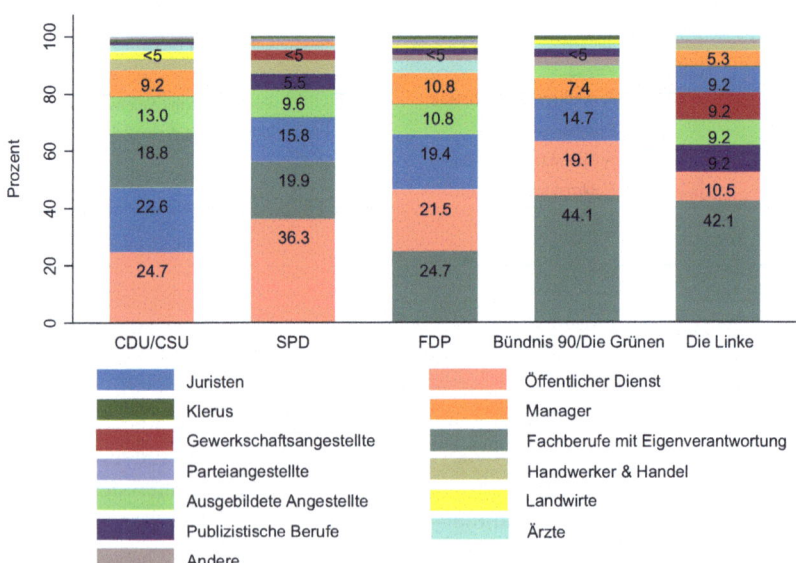

Im Zusammenhang mit dem Erstberuf, der im Allgemeinen für eine immer auch riskante politische Karriere oder für die Zeit nach dem Amt notwendig ist, weist die Forschung auf sogenannte „facilitating professions", also auf erleichternde Berufe, hin (King, 1981; Saalfeld, 1997; Weßels, 1997). Diese Berufe bergen nicht nur eine finanzielle Absicherung und Flexibilität, sondern ermöglichen zusätzlich das Sammeln weiterer Ressourcen wie „Kommunikationsfertigkeit, politisches Wissen, Zugang zu politischen Netzwerken, Vertrautheit mit relevanten politischen Problemen und ganz allgemein politisches „Knowhow" (Saalfeld, 1997, S. 34) . Darunter fallen etwa Angestellte im öffentlichen Dienst, Journalisten, Lehrer, Professoren sowie Vertreter von Interessengruppen. Als weitere persönliche Ressourcen gelten ein gewisses Charisma, organisatorisches Geschick oder auch ein gutes Durchsetzungsvermögen. Unerforscht ist bisher, in welchem Ausmaß diese Fähigkeiten vorhanden sein müssen, ob sie untereinander austauschbar sind und inwiefern sie zwischen Berufen übertragbar sind.

Sowohl aufgrund der stetig hohen Altersstruktur und der geringen Erneuerungsquote als auch aufgrund der starken Vertretung von Beamten ist der Bundestag als ein stabiles, etabliertes und professionelles Parlament anzusehen, das nicht den Eindruck macht, besonders offen für Neuankömmlinge zu sein. Jedoch lässt sich Letzteres allein aufgrund dieser sehr häufig verwendeten drei Kennzahlen bisher nicht eindeutig darstellen: Alter, Erneuerungsquote und Beruf sind keine ausreichenden Informationen, um Parlamentarier als typische Vertreter der Parteiochsentour oder als Seiteneinsteiger bezeichnen zu können. Dafür bedarf es einer ausführlichen Betrachtung, auf welchen Wegen Kandidaten in den Bundestag gelangen. Im folgenden Teil erläutern wir deshalb, wie Karrierewege in der bisherigen Literatur dargestellt werden.

Karrierewege in den Bundestag

Während wir mit unseren Daten, aufbauend auf bisherigen Studien, darstellen können, wie sich der Bundestag bis heute zusammensetzt, ist bisher wenig bekannt, wie die Parlamentarier zu ihrem Mandat gelangen. Obwohl sich in allen westlichen Demokratien typische Rekrutierungsmuster entwickelt haben, gibt es im internationalen Vergleich nur ein geringes systematisches Verständnis (Herzog, 1990). Die bisherige politikwissenschaftliche Forschung zu Parlamentarierkarrieren war stark von der US-amerikanischen Literatur beeinflusst. Beruhend auf Studien von Schlesinger (1966) wurden Politikertypen oft aufgrund ihrer unterschiedlichen Ambitionen unterschieden. Weitergehende Studien legen dar, wie sich institutionelle Unterschiede auf das strategische Verhalten von Parlamentariern auswirken (Hibbing, 1999). In dieser Literatur wird der typische US-amerikanische Karriereweg analysiert, der über die regionale Ebene der Bundesstaaten in den US-Kongress führt, wo Seniorität und Aktivität die wesentlichen karriereentscheidenden Variablen darstellen.

Deutlich weniger untersucht sind parlamentarische Karrieren im europäischen Kontext (für eine Übersicht siehe Patzelt, 1999b). Während gerade für zurückliegende Legislaturperioden ein recht umfangreiches Wissen über die Zusammensetzung des Bundestags existiert (Herzog, 1975; Ismayr, 2000; Patzelt, 1996), ist wenig bekannt über die Karriereverläufe von deutschen Parlamentariern (Patzelt, 2002). Unter dem Stichwort ‚Karriereverläufe' verstehen wir die Abfolge aller politischen und öffentlichen Ämter, die ein Parlamentarier im Lauf seiner Karriere innehat.

Eine ausführliche Diskussion des Repräsentationsbegriffs in all seinen Facetten bietet Pitkin (1967), während eher empirische Arbeiten bei Best und Cotta (2000) und Cotta und Best (2007) zu finden sind. Ein Forschungszweig, der an die unterschiedlichen sozialen Hintergründe von Repräsentanten und Repräsentierten anknüpft, aber stärker auf die Funktionsfähigkeit, Effizienz und Stabilität des Parlaments eingeht, ist in der Literatur zur parlamentarischen Professionalisierung zu finden. Hier wird auch explizit auf die Qualifikation der Abgeordneten, die Effizienz der Parlamente und die Herausbildung des Berufspolitikers mit einer mehr oder weniger klaren Karrierelaufbahn und Einkommen aus der

Politik eingegangen (als Übersichten zum Thema empfehlen sich Hibbing, 1999; Moncrief, 1999; Patzelt, 1999b; Patzelt & Edinger, 2011). Studien, die sich speziell im deutschen Forschungskontext bewegen, konzentrieren sich in Anlehnung an Weber (1919) vor allem auf die Untersuchung der Politik als Beruf (Borchert, 1999; Borchert & Golsch, 1999; Gruber, 2009; Patzelt & Edinger, 2011). Ein weiteres Phänomen und weitgehender Sonderweg der deutschen Forschung ist im Zusammenhang mit der Diskussion und Analyse der politischen Professionalisierung der Rückgriff auf die Begriffe der politischen Elite und der politischen Klasse als abgesonderte, aus sich selbst und für sich selbst regierende Gruppe (Beyme, 1992, 1993, 1996; Borchert, 1999; Borchert & Golsch, 1999; Mosca, 1950 [1886]; Saalfeld, 1997).

Dass in der Politik Parteiochsentourler dominieren, wird auch in der Wissenschaft angenommen, obwohl eine kritische empirische Überprüfung nur in wenigen Fällen stattgefunden hat und die Wertung des professionalisierten Politikapparates durchaus unterschiedlich ausfällt. Dass es Parteisoldaten gibt, steht mitnichten infrage, nur ist ungeklärt, welchen Anteil sie tatsächlich am politischen Geschäft haben. Der Annahme der Vorherrschaft der Parteiochsentourler mangelt es allerdings nicht an Plausibilität, stellt sich doch der Weg an die Spitze als eine Vielzahl von Selektionen und Filterungen dar, bei denen in den parlamentarischen Demokratien Europas die üblicherweise starken Parteien einen erheblichen Einfluss haben und eher diejenigen auf Förderung und Aufstieg hoffen dürfen, welche der Parteilinie folgen und sich durch ihr Engagement für die Partei verdient machen.

Aus der Literatur zur Rekrutierung von Spitzenpolitikern – zu denen Bundestagsabgeordnete gemeinhin zählen – lässt sich eines der eingängigen Modelle herausgreifen, um den Forschungsgegenstand der politischen Karrieren greifbarer zu machen. Obwohl die unterschiedlichen Ansätze unterschiedliche Komponenten betonen, bleiben sie sich in der Kernaussage gleich, nämlich dass es auf dem Weg nach oben vielerlei Stufen der Anreize, Abschreckungen und Selektionen zu überwinden gibt (Gruber, 2009; Norris, 1997; Norris & Lovenduski, 1995). *Abbildung 5* zeigt das Modell, das Norris und Lovenduski (1995) entworfen haben.

In ihrer Studie erarbeiten Norris und Lovenduski auf theoretischer Ebene Determinanten und Kontexte, welche den Rekrutierungsprozess und die Rekrutierungswahrscheinlichkeit einzelner Kandidaten beeinflussen. Neben dem politischen System und dem Parteienkontext bildet ein dreistufiges Selektionsmodell den Kern ihrer Überlegungen. Am Anfang stehen diejenigen, die überhaupt für eine Kandidatur in Frage kommen, also das passive Wahlrecht besitzen und damit wählbar sind. Bei dieser Gruppe setzen vor allem Ressourcen und Motivation als Selektionsmechanismen an: Nicht alle Bürger mit passivem Wahlrecht wollen von diesem auch Gebrauch machen und nicht alle, die gerne wollen, nehmen diese Option auch wahr, denn über die reine Motivation hinaus benötigt es auch eine Vielzahl von Ressourcen. Zu diesen Ressourcen werden bestimmte Fähigkeiten und Kenntnisse gezählt.

Abbildung 5: Rekrutierungsmodell nach Norris & Lovenduski (1995)

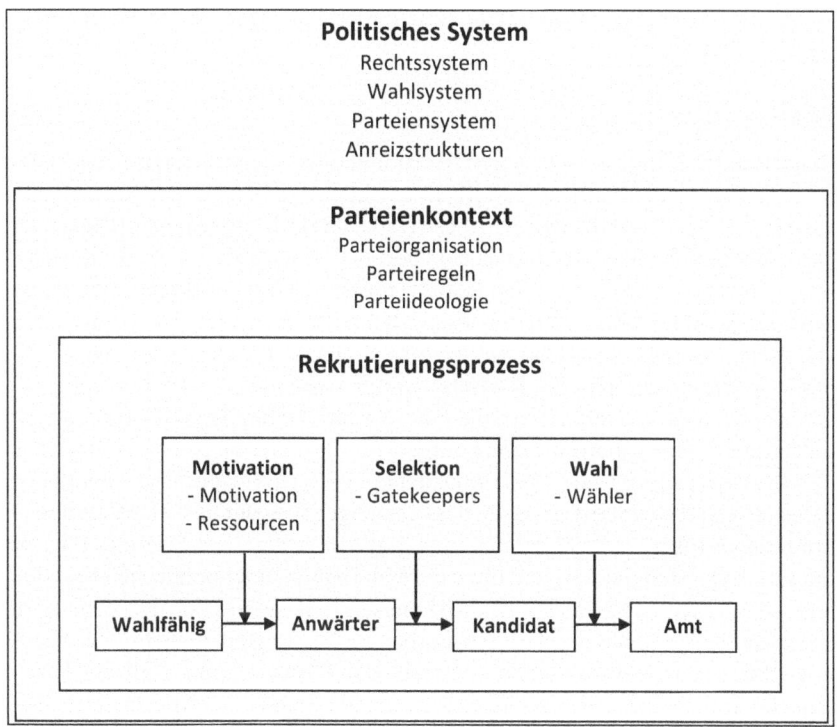

Motivation

Bezüglich der Motivation, eine politische Karriere zu verfolgen, ist besonders für den deutschen Kontext wenig bekannt. Gruber (2009, S. 103f.) wie auch Herzog (1975, S. 172) attestieren den Familien z. B. nur einen geringen Einfluss auf die spätere Motivation für eine politische Karriere; ihrer Meinung nach entwickelt sich eine solche vielmehr während der Parteimitgliedschaft, ausgelöst z. B. durch große politische Ereignisse oder inspirierende politische Charaktere (Gruber, 2009, S. 103f.; Herzog, 1975, S. 172; Klein, 2006, S. 49). Indessen legen ältere Studien dar, dass politische Normen, Werte und Einstellungen bereits früh ausgebildet werden und das Elternhaus einen bedeutenden Einfluss auf diese hat (Kaltefleiter, 1976). Eine wesentliche Rolle bei der Motivation für eine Kandidatur spielen aber nach wie vor die Parteien. So geben 80 Prozent der Kandidaten an, dass ihre Partei sie zur ersten Kandidatur aufgefordert habe (Patzelt, 1999a, S. 262).

Selektion

Als nächsten Selektionsschritt führen Norris und Lovenduski (1995) die sogenannten „Gatekeeper", Türwächter, an. In Deutschland spielen bei der Kandidatenauswahl in erster Linie die Parteien diese Rolle, da sie das sogenannte „Rekrutierungsmonopol" besitzen (dazu auch Borchert & Golsch, 2003, S. 150ff.; Roberts, 1988, S. 102ff.). Der Weg zum Mandat führt praktisch ausnahmslos über die Partei (Borchert & Stolz, 2003), denn innerparteilicher Erfolg bringt fast zwangsläufig Wahlerfolg mit sich. Die im Gegensatz zur US-amerikanischen Literatur schwächer ausgeprägte europäische Karriereliteratur wird auch auf die bestimmende Rolle der Parteien zurückgeführt, die die Auswahl, Schulung und Förderung der Abgeordneten stark kontrollieren (Edinger, 2006). In der in Europa dominanten Kartellpartei (Katz & Mair, 1995) sind nicht in Parteien organisierte Kandidaten chancenlos; viel eher wird erwartet, dass ein langer Weg durch die Parteigremien zum Mandat führt. Ausschließlich durch Parteien erfolgt eine Nominierung für eine Bundestagskandidatur, und ohne die Mitarbeit in einer politischen Fraktion bleibt eine Arbeit im Parlament fast wirkungslos. Da die Fraktion den Zugang zu Informationsressourcen durch ihre Mitarbeiter, den Zugang zu mehr oder weniger wichtigen Ausschüssen und die Vergabe von Positionen innerhalb des Parlaments kontrolliert, ist eine politische Karriere stark von einer Mitarbeit in einer Partei und einer Fraktion abhängig. Deshalb wird erwartet, dass eine erfolgreiche politische Karriere in der Mitarbeit in einer Partei begründet ist: Ein früher Parteieintritt am besten kurz nach Volljährigkeit und ein langwieriger Marsch durch die verschiedenen föderalen Parteigremien wird als typischer und erfolgversprechender Karriereweg angesehen (Oberreuter, 1994).

Nominierungsprozess

Eher ungewöhnlich im Vergleich zu anderen europäischen Ländern regelt Deutschland die Kandidatenaufstellung gesetzlich und fordert von den Parteien die Anwendung demokratischer Prinzipien bei der Kandidatenauswahl, überlässt aber die genaue Umsetzung den Parteien selbst (Schüttemeyer & Sturm, 2005, S. 541; Weßels, 1997). Unterschiedliche Verfahren werden dabei für die Auswahl der Direkt- und der Listenkandidaten für die deutsche personalisierte Verhältniswahl mit geschlossenen Listen angewandt:

Direktkandidaten werden üblicherweise auf Wahlkreisebene von Vertreterversammlungen gewählt. Die Aufstellung der Direktkandidaten ist „die sorgsam gehütete Domäne der Parteiführungen in Orts- und Kreisverbänden" (Schüttemeyer & Sturm, 2005, S. 546), die nur schwerlich von der Bundestagsfraktion oder Bundespartei beeinflusst werden kann. In den großen Parteien gibt es in ca. 40 Prozent Kampfkandidaturen um die Wahlkreiskandidaturen. Viel seltener sind Kampfkandidaturen in den kleineren Parteien, da diese oft keine Chancen auf ein Direktmandat haben und somit das Wahlkreismandat weniger attraktiv ist. In der hier detaillierter untersuchten 17. Legislaturperiode entstammen die Direktkandidaten des Bundestags vor allem der CDU/CSU-Fraktion (72 Prozent der Direktkandidaten) und der SPD (22 Prozent).

Hinsichtlich der Selektion von Direktkandidaten ist sich die Literatur einig, dass der Amtsinhaberbonus zunächst die wichtigste Rolle spielt (Roberts, 1988b, S. 102ff.; Weßels, 1997, S. 90). Schon amtierende Bundestagsabgeordnete werden in einem Wahlkreis, so sie sich erneut einer Kandidatur stellen, in aller Regel als Bundestagskandidaten bestätigt. Dieser Befund erklärt sich vor allem dadurch, dass Direktkandidaten zumeist auch Führungspositionen in ihren Wahlkreisen innehaben und eine Absetzung des amtierenden Kandidaten auf Misstrauen gegen die lokale Parteispitze hinwiese. Die seltenen Ausnahmen zur Regel begründen sich meist durch einen altersbedingten Rückzug von der Kandidatur, fehlendes Vertrauen der lokalen Basis in die lokale Parteiführung (Jens Borchert & Golsch, 1999, S. 125f.) oder aber unzureichendes Engagement Wahlkreis (Roberts, 1988, S. 104).

Die Kandidaten für die jeweiligen Landeslisten werden von Vertreterversammlungen auf Landesebene gewählt. Interessant ist, dass fast alle **Listenkandidaten** sich auch um einen Wahlkreis bemühen (Roberts, 1988a; Schüttemeyer & Sturm, 2005), wodurch das Bestreben nach Absicherung des Mandats deutlich wird. Doppelkandidaturen sind dabei eher die Regel als die Ausnahme und unterstreichen den hybriden Charakter des deutschen Wahlsystems (dazu auch Manow, 2012; Roberts, 1988). Dieses Kandidieren im Wahlkreis kann aber auch als Pflichtdienst gegenüber der Partei verstanden werden, damit diese lokale Präsenz zeigen kann. Bei der Auswahl der Kandidaten für die Landeslisten beachten die Parteien verschiedene Proporzkriterien, so dass die definitiven Landeslisten hochkomplexe Gebilde sind, die durch Verhandlungen verschiedenster Parteiflügel und innerparteilicher Gruppierungen unter Berücksichtigung von Konventionen, Kompetenzen, Wähleranklang sowie Alters-, Geschlechts-, Sozial- und Regionalquoten als Kompromisslösung zustande kommen (Roberts, 1988, S. 107ff.; Weßels, 1997, S. 85).

Bei der Nominierung der Kandidaten dominiert in fast allen Parteien nicht die Mitgliederversammlung, sondern die Delegiertenversammlung. Darin sind nur die von den jeweiligen Ortsvereinen bestimmten Delegierten berechtigt, einen Kandidaten zu wählen, während bei Mitgliederversammlungen auch weniger engagierte Parteimitglieder ein Mitspracherecht haben. In 86 Prozent der Fälle werden die Kandidaten in der SPD per Delegiertenversammlung gewählt, in der CDU dahingegen nur in 48 Prozent (Reiser, 2011, S. 45). Laut Reisers Beobachtungen und Interviews hat dieser unterschiedliche Wahlmodus eine direkte Auswirkung auf die Eigenschaften, die einem Kandidaten zu Erfolg verhelfen. Während bei Mitgliederversammlungen die rhetorische Leistung und Attraktivität eines Kandidaten auf der Nominierungsveranstaltung stark ins Gewicht fällt, kann ein Kandidat auf einer Delegiertenversammlung stärker auf seine in der Partei aufgebauten Kontakte und zurückliegenden Leistungen bauen, womit ein stärkerer Einfluss des Parteiestablishments gegeben ist.

In den meisten Fällen (77 Prozent) handelt es sich bei den Nominierungsveranstaltungen nur noch um Bestätigungen, da nur ein Kandidat auftritt und keine echte Auswahl mehr gegeben ist. Selbst bei einer Neubesetzung von Funktionen ohne einen Amtsinhaber ist mehrheitlich keine Kandidatenauswahl durch die Delegierten oder Parteimitglieder möglich. Dies zeigt, dass die Selektion vor der Nominierungsveranstaltung ein zentraler Prozess ist, der über die Kandidatur entscheidet. In diesem Selektionsprozess muss ein Kandidat mit sogenannten „Tingeltouren" um Stimmen in den verschiedenen Ortsverbänden werben; eine Auswahl in kleinen Vorentscheiderzirkeln der Partei reicht nicht mehr aus (Reiser, 2011, S. 252). Auf diesen Touren stellen sich die Kandidaten den Parteimitgliedern und Delegierten vor und werben um ihre Zustimmung. Im Verlauf der letzten Jahrzehnte hat sich damit das Verfahren geöffnet und eine stärkere Beteiligung der Parteimitglieder ähnlich der US-amerikanischen Primaries ermöglicht. Nach wie vor spielen lokale Parteiführungen bei der Identifizierung von möglichen Kandidaten eine zentrale Rolle, die Entscheidung und Auswahl jedoch wird durch die Mitglieder und Delegierten getroffen. Haben es die Anwärter geschafft und werden sie mit einem aussichtsreichen Listenplatz oder einer Direktkandidatur bedacht, folgt in einem letzten Schritt die Selektion durch den Wähler in den Bundestagswahlen.

Parteiämter

In der bisherigen deutschen politikwissenschaftlichen Literatur stimmen die Experten überein, dass der häufigste Karriereweg über ein Engagement in der eigenen Partei führt; ein auch in anderen westlichen Demokratien weitverbreitetes Phänomen (Fiers & Secker, 2007). Parteiämter in jungen Jahren auf lokaler und regionaler Ebene sind häufig Grundbedingungen für eine Politikerkarriere. Typischerweise wird von Parlamentariern erwartet, dass sie die Karriereleiter zunächst innerhalb der Partei emporsteigen und da auch wenig attraktive Posten übernehmen, um sich zu bewähren (Weßels, 1997) – die sogenannte „Ochsentour". Ältere Schätzungen über den Karriereweg von Bundestagsabgeordneten besagen, dass nach einem Parteibeitritt ein Kandidat etwa neun Jahre benötigt, um ein Partei- oder öffentliches Wahlamt in aller Regel auf kommunaler Ebene zu erwerben (Oberreuter, 1994, S. 2). In kleineren Parteien wie der FDP und bei den Grünen ist diese Zeit schätzungsweise halb so lang, da die Konkurrenz geringer ist. Durchschnittlich sind Abgeordnete 17 Jahre lang Parteimitglied, bevor sie in den Bundestag eintreten; dies verdeutlicht die starke Verankerung der Parlamentarier in der Partei und deren zentrale Rolle. Parteimitgliedschaft, Parteifunktionen und lokale Ämter sind das „repräsentative Kapital" (Best & Jahr, 2006, S. 72) eines Politikers, auf dem er seine Karriere aufbaut. Während dieser Lehrjahre haben die Kandidaten die Möglichkeit, professionelles Wissen und Verhalten für die Politik zu lernen (Oberreuter, 1994). Häufig werden diese lokalen Ämter auch nach Aufnahme des Bundestagsmandats beibehalten, um die Netzwerke und Unterstützung im Wahlkreis zu gewährleisten (Herzog, 1990, S. 36). Damit sind die Bundestagsabgeordneten mehrheitlich Parteiführer auf lokaler, das heißt Kreis- oder Unterbezirks-Ebene, auf der die Parteien ihre organisatorische Basis haben (Patzelt, 1996, S. 488).

Zu den Erfolgsfaktoren von Parlamentariern im Vergleich zu Kandidaten, die kein Mandat gewinnen, gehören ihre starke Verankerung auf Orts- und Kreisebene (Schüttemeyer & Sturm, 2005). Gerade diese Gremien steuern oft auch die Kandidatenaufstellung, was die etablierte Position der einmal Gewählten absichert.

Eine Ämterkumulation auf lokaler und regionaler Ebene schützt die Abgeordneten vor Konkurrenz und sichert so ihre politische Zukunft (Detterbeck, 2011). Unsere Analyse der parlamentarischen Kurzbiografien in *Tabelle 1* ergibt, dass in der derzeitigen 17. Legislaturperiode 80 Prozent der Parlamentarier im Verlauf ihrer vorparlamentarischen Karriere ein Parteiamt auf lokaler Ebene innehatten. Ausgeprägt gilt dies für die CDU/CSU, die FDP und die SPD (mit 84, 86,8 und 81,9 Prozent), im Gegensatz zu der Linken und Bündnis 90/Die Grünen (mit 69,1 und 63,5 Prozent).

Tabelle 1: Verteilung der Ämter in der 17. Wahlperiode

Fraktion	Durchschnittliches Alter bei			Verteilung der Ämter in %					
	Parteieintritt	Übernahme des 1. Amts	Eintritt in den Bundestag	Parteiamt, lokal	Öffentl. Amt, lokal	Parteiamt, Land	Öffentl. Amt, Land	Parteiamt, Bund	Öffentl. Amt, Bund
CDU/CSU	23,3	29,6	42,2	84,0	66,2	50,2	22,4	26,5	2,7
SPD	23,4	30,5	43,1	81,9	63,0	41,3	19,6	27,5	6,5
FDP	27,2	32,4	42,4	86,8	53,8	74,7	18,7	41,8	2,2
Bü90/Die Grünen	26,8	30,5	41,7	63,5	50,8	74,6	25,4	31,7	1,6
Die Linke	26,2	30,2	42,8	69,1	33,8	60,3	23,5	44,1	5,9
Total	24,6	30,6	42,6	80,0	58,0	55,8	21,6	31,8	3,8

Ähnlich wie auf Ortsebene sind die Parlamentarier auch in den Parteivorständen auf Landesebene vertreten: Mittels der Daten aus Kürschners Handbuch haben wir festgestellt, dass 55.8 Prozent der derzeitigen Parlamentarier ein Parteiamt auf Landesebene ausüben. Deutlich weniger stark gilt dies für die Bundesvorstände, da dort weniger Positionen zu vergeben sind; nur 31,8 Prozent der Abgeordneten haben ein Parteiamt auf nationaler Ebene inne. Auf dieser Ebene wendet sich das Blatt, so dass eher die Parlamentarier der kleinen Fraktionen über nationale Parteiämter verfügen (44,1 Prozent der Linken, 41,8 Prozent der FDP und 31,7 Prozent der Grünen, aber nur 26,5 respektive 27,5 Prozent bei CDU/CSU respektive SPD).

Der Weg zum Parlamentsmandat führt in Deutschland stärker über die lokale als über die Landesebene. Während in den USA eine Position auf subnationaler Ebene mit 54 Prozent ein sehr häufiger Karriereschritt vor einem Mandat in Washington ist, sind die Bundestagsparlamentarier mit 21,6 Prozent deutlich seltener zuerst im Landtag. Zum Teil wird dies darauf zurückgeführt, dass die

Positionen in den Länderparlamenten sehr attraktiv sind, so dass nicht unbedingt große Anreize bestehen, nach Berlin zu wechseln (Borchert, 2010, S. 12). Viel häufiger (zu 58 Prozent in der 17. Legislatur) haben die Bundesparlamentarier ein öffentliches Mandat auf lokaler Ebene, insbesondere als Gemeinderäte, inne.

Die Unterschiede zwischen den kleinen und großen Parteien zeigen sich auch beim durchschnittlichen Parteieintrittsalter, das eher höher ist bei den kleinen Parteien. Interessanterweise sind diese Unterschiede nicht mehr vorhanden beim Eintritt der Parlamentarier in den Bundestag.

Seiteneinsteiger finden und analysieren

Die vorliegende Untersuchung verschiedener Karrieremuster im Deutschen Bundestag knüpft an die in den Medien und der Öffentlichkeit geführte Politikverdrossenheitsdebatte an, in der die tonangebende Rolle der Parteien und die Leistung und Glaubwürdigkeit einzelner Politiker kritisiert wird.

Wie im Literaturüberblick gezeigt werden konnte, stoßen Fragen nach den Karrierewegen deutscher Politiker sowohl in den Medien als auch in der Wissenschaft auf reges Interesse. Dies verwundert kaum, handelt es sich doch um einen Kernbereich der Politikwissenschaft und für Bürger und Öffentlichkeit um die Laufbahn derjenigen Akteure, die in ihrem Namen Politik gestalten. Obwohl wir bereits einiges über die Karrierehintergründe deutscher Spitzenpolitiker und parlamentarischer Repräsentanten wissen, wurden politische Karrieren bis dato nur unzureichend empirisch untersucht. Der von uns beschrittene Weg knüpft an die bisherige Forschung an, geht aber insofern darüber hinaus, als wir uns auf die vorparlamentarischen politischen Karrieren der deutschen Bundestagsabgeordneten und auf die dabei durchschrittenen Ämter konzentrieren, diese jedoch mit neuen Methoden analysieren.

Die bisherige Identifizierung von Seiteneinsteigern

Sowohl die hiesige als auch die internationale Parlamentsforschung kennt keine klare Definition des Seiteneinsteigers bzw. ein Instrument, mit dem man diese identifizieren könnte. Die meisten Kenntnisse, die wir bisher über Seiteneinsteiger im Bundestag besitzen, beruhen auf qualitativen Darstellungen verschiedener Politikerpersönlichkeiten, die von Autoren eher induktiv als Seiteneinsteiger bezeichnet wurden, so z.B. in der Studie von Lorenz und Micus (2009). Häufig handelt es sich hier um Minister, die ohne Mandat direkt auf ihre Posten berufen worden sind, und nicht um Parlamentarier, die sich einer Wahl stellten.

Auch in der eher quantitativ orientierten Parlamentsliteratur gibt es bisher wenig Versuche, typische Karrierewege systematisch zu erfassen. So identifizierte Herzog (1975) in seiner Untersuchung der Karriereverläufe aufgrund von Umfrage- und Lebenslaufdaten den „klassischen" Karriereweg durch die Parteiinstitutionen und bezeichnete sie als „Standardkarriere". Laut seinen Recherchen gehören ca. 60 Prozent der Parlamentarier diesem Typus an, für den ein früher Parteibeitritt und eine politische Karriere nach einer gefestigten Position im Beruf charakteristisch sind. Die politische Laufbahn verläuft parallel zur beruflichen und wird schließlich die eigentliche Karriere. Dieser Gang durch die Institutionen wird auch „Bewährungsaufstieg" genannt (Borchert & Stolz, 2003).

Bei einer „Cross-over"-Karriere erfolgt gemäß Herzog ein direkter Wechsel in eine politische Spitzenposition; dieser Positionssprung führt von einer führenden Position im privaten Beruf in die Berufspolitik. Diese Seiteneinstiegskarriere wird vor allem dadurch definiert, dass vor dem Mandat keine politische Karriere unternommen wurde (Borchert & Stolz, 2003). Dieser Karrieretyp ist eher selten, da die berufliche Unsicherheit nach einem Bundestagsmandat sehr hoch ist, zumal andere gesellschaftliche Felder nicht besonders aufnahmebereit sind für diese Aussteiger; eine Ausnahme stellen Lobbyverbände dar, die sich einen Gewinn von dem Spezialwissen der Abgeordneten versprechen (Oberreuter, 1994, S. 3). Um sich eine längere Politikerkarriere zu ermöglichen, engagieren sich Cross-over-Politiker deshalb häufig nachträglich in der Lokalpolitik (Herzog, 1990). Eine Untersuchung von Landtagsparlamentariern erbrachte das Ergebnis, dass ca. 20 Prozent diesem Seiteneinsteigertyp entsprechen (Borchert & Stolz, 2003). Eine vergleichbare Untersuchung für den Bundestag liegt unseres Wissens nicht vor.

Der dritte Typus ist die „politische Karriere" schlechthin, bei der die erste entlohnte Position bereits in jungen Jahren in der Politik oder im politiknahen Umfeld aufgenommen wird. Jung gewählte Mitarbeiter von Parteien oder Assistenten von Politikern gehören zu diesem Typus.

Generell bleibt festzustellen, dass der typische Karriereverlauf von Politikern auf ihrem Weg in den Bundestag recht wenig systematisch erforscht ist und die bekannten Studien schon länger zurückliegen (Roberts, 1988; Weßels, 1997). Häufig wird behauptet, dass Parlamentarier eine Absicherung auf lokaler Partei- und eventuell Amtsebene in der Partei benötigen; es war jedoch bisher nicht bekannt, in welchem Ausmaß die Bundestagsparlamentarier diese Vorgabe tatsächlich erfüllen. Die vorliegende Studie identifiziert für den derzeitigen Bundestag typische Karrieremuster. So wird beispielsweise deutlich, wie die „klassische Ochsentour" aussieht und wie viele Parlamentarier sie befolgen, aber auch, was die Seiteneinsteiger im Bundestag ausmacht und wie viele Vertreter diesem Muster folgen. Daher ist ein Beitrag der hier vorliegenden Studie die neuartige Anwendung eines aus der Biologie und der Soziologie bekannten Instruments – der Sequenzanalyse – in der parlamentarischen Forschung.

Eine Einführung in die Methode der Studie

Eine der wenigen Gemeinsamkeiten bestehender Definitionen ist die Negativdefinition eines Seiteneinsteigers, der eben nicht die klassische Parteiochsentour absolviert hat. Die Identifizierung politischer Seiteneinsteiger in der einschlägigen Literatur erfolgt zumeist frei nach dem Motto: „Ich erkenne sie, wenn ich sie sehe". Solche Ad-hoc-Strategien geben für eine systematische Analyse der Karriereverläufe deutscher Parlamentarier kaum Anhaltspunkte. Auch die häufig implizite Abgrenzung von Seiteneinsteigern gegenüber einem anderen Karrieremuster, der sogenannten Ochsentour, ist wenig hilfreich, da es außer gängigen Stereotypen bisher wenig empirisch fundiertes Wissen darüber gibt, wodurch sich Ochsentouren auszeichnen. Zudem sei angemerkt, dass eine derart polare Sichtweise – hier Quereinstieg, dort Ochsentour – mögliche alternative Pfade in den Deutschen Bundestag ausblendet, die bisher kaum systematisch ergründet sind.

Die Datensammlung und -aufbereitung im Rahmen dieses Projekts zielte daher primär darauf ab, die in Kürschners Volkshandbuch vorhandenen Informationen über die Karrieremuster von Mitgliedern des 17. Deutschen Bundestags zu systematisieren und in eine mittels quantitativer Verfahren auswertbare Form zu bringen. Dabei sollten nicht nur, wie bisher zum Teil bereits geschehen (siehe z. B. Best & Jahr, 2006), einzelne Karriereschritte erfasst werden, sondern nach Möglichkeit auch deren Abfolge und Dauer. Derart strukturierte Informationen erlauben uns, anhand sequenzanalytischer Verfahren Fragen zu beantworten (Abbott, 1995; Abbott & Tsay, 2000; Baur, 2005; Brüderl & Scherer, 2004), die sich bisher aufgrund der mangelhaften Datenlage und der Nutzung konventioneller Analysetechniken der strukturierten empirischen Beobachtung entzogen haben (siehe z. B. Pierson, 2000): Wie verlaufen politische Karrieren bis zum Eintritt in den Bundestag? Welche spezifischen Etappen beinhalten sie? In welcher Sequenz? Wie lange dauern diese Karriereschritte im Schnitt? Erst durch die Beantwortung dieser Fragen wird es möglich, typische und alternative Karrieremuster – oder allgemeiner: Typen von Karrieremustern – vor dem Eintritt in den Bundestag zu erkennen. Bisherige Anwendungen der Sequenzanalyse in der Karriereforschung von Politikern sind bei Manow (2012), Jahr (2011) und für die USA bei MacKenzie (2009) zu finden.

Datenaufbereitung und -codierung

In diesem Abschnitt beschreiben wir die Aufbereitung und Codierung der biografischen Daten der 622 Mitglieder des 17. Deutschen Bundestags, wie sie 2009 gewählt wurden und im Kürschner Volkshandbuch Deutscher Bundestag erfasst sind. Als illustratives Beispiel dient uns dabei der biografische Eintrag der Abgeordneten Kerstin Andreae (Bündnis 90/Die Grünen), der in der untenstehenden *Abbildung 6* wiedergegeben wird. Sequenzanalytisch relevant sind zunächst nur die Angaben zur politischen Ämterbiografie vor Eintritt in den Bundestag, die in der Abbildung fett hervorgehoben sind.

Vorab noch einige begriffliche Klärungen. Das erfasste Verlaufsmuster oder die *Sequenz* eines (späteren) Mitglieds des Bundestags umfasst die Periode von der Erlangung des aktiven und passiven Wahlrechts mit dem Abschluss des 18. Lebensjahrs – also dem frühestmöglichen Eintrittsdatum in den Bundestag – bis zum tatsächlichen Eintritt in den Bundestag. Für Frau Andreae, 1968 geboren und seit 2002 Mitglied des Bundestags, setzt sich diese Sequenz also aus 17 jährlichen Beobachtungen oder *Elementen* von 1986 bis 2002 zusammen. Diese Elemente lassen sich wiederum zu einzelnen Karriereschritten oder *Episoden* zusammenfassen, innerhalb derer keine biografischen Veränderungen zu beobachten sind. Die Unterscheidung zwischen Episoden und Elementen erlaubt es uns also, die Länge von Episoden (in Jahren) zu bestimmen.

Abbildung 6: Angaben aus dem Kürschner Volkshandbuch des Deutschen Bundestags für die 17. Legislaturperiode: Beispiel Kerstin Andreae

---

1988 Abitur. 1996 Diplomvolkswirtin.

1997 bis 1998 Projektmanagement bei mediKUR, Agentur für Gesundheits- und Kurtechnologie, Hamm; 1999 Projektmanagement beim Sozialwissenschaftlichen Frauenforschungsinstitut, Evangelische Fachhochschule Freiburg. 2000 Mutterschutz. 2001 bis 2002 Mitarbeit in „Das Grüne Emissionshaus", Finanzdienstleister im Bereich Windenergie, Freiburg.

Beiratsmitglied der Bundesnetzagentur, Beiratsmitglied des Mittelstandsbeirates im Bundesministerium für Wirtschaft und Technologie, Beiratsmitglied der Albert-Ludwigs-Universität Freiburg; Mitglied des Kuratoriums Aids-Hilfe Freiburg e. V., Mitglied im Förderverein wohnungsloser Frauen OFF und im Trinationalen Atomschutzverband TRAS.

Mitglied von Bündnis 90/Die Grünen seit 1990; 1990 Mitglied im Landesvorstand der Grün-Alternativen Jugend, 1991 Kreisvorstand von Bündnis 90/Die Grünen Freiburg, 1999 Landesvorstand von Bündnis 90/Die Grünen Baden-Württemberg. 1999 Gemeinderätin in Freiburg.

Mitglied des Bundestages seit 2002; Obfrau im Wirtschaftsausschuss, wirtschaftspolitische Sprecherin der Fraktion Bündnis 90/Die Grünen.

Mit Blick auf die politische Laufbahn vor Eintritt in den Bundestag unterscheiden wir Episoden vor und nach Eintritt in die Partei. Nach Parteieintritt unterscheiden wir wiederum zwischen passiver und aktiver Parteimitgliedschaft, wobei sich letztere durch Aktivitäten auf unterschiedlichen föderativen Ebenen (lokale inkl. Bezirksebene, Landesebene, Bundesebene) weiter differenzieren lässt. Neben Aktivitäten innerhalb der Partei (Parteiämtern) erfassen wir zudem, wiederum auf unterschiedlichen föderativen Ebenen, die Betätigung in gewählten öffentlichen Ämtern. Die folgende *Tabelle 2* schlüsselt die Zahlencodes auf, die wir zur Charakterisierung der Karriereschritte vergeben haben. Die Rangfolge der Codierungen richtet sich dabei nach unserer Einschätzung nach der Wichtigkeit der verschiedenen Ämter, wobei Ämter auf höheren Ebenen als wichtiger angesehen werden als auf niederen Ebenen und öffentliche Ämter wiederum wichtiger als solche innerhalb der Parteien.

Tabelle 2: Codierung der Karriereschritte (Episoden) vor Eintritt in den Bundestag

Karriereschritte	Beispiele	Code
Keine Parteimitgliedschaft		0
Passive Parteimitgliedschaft		1
Parteiamt, lokal	Mitglied des Kreis- oder Bezirksvorstands	2
Öffentliches Amt, lokal	Gemeinderat, Bürgermeister	3
Parteiamt, Land	Mitglied des Landesvorstands	4
Öffentliches Amt, Land	Mitglied des Landtags, Landesminister	5
Parteiamt, Bund	Mitglied des Bundesvorstands	6
Öffentliches Amt, Bund	Bundesminister	7

Der oben illustrierte biografische Eintrag von Frau Andreae macht bereits einige Probleme deutlich, mit denen wir während der Datencodierung konfrontiert waren: Erstens gibt es in den meisten biografischen Einträgen des Volkshandbuchs Informationen zwar über den Beginn, seltener aber über das Ende einzelner Episoden. Bei fehlenden Angaben über den Endpunkt von Episoden sind wir so verfahren, dass wir das Jahr vor Beginn einer neuen Episode als den Endpunkt der vorangegangenen Episode codiert haben. Für 43 der 622 Mitglieder des 17. Deutschen Bundestags haben wir hingegen keine datierten biografischen Angaben, so dass sich die nachfolgende Sequenzanalyse auf die verbleibenden 579 Bundesparlamentarier beschränken muss. Dies entspricht einer Ausschöpfungsquote von 93 Prozent. Zweitens können sich einzelne Episoden ohne weiteres zeitlich überlappen. So wurde Frau Andreae 1999 sowohl in den Landesvorstand ihrer Partei als auch in den Gemeinderat von Freiburg gewählt; zudem ist unklar, ob Frau Andreae zu dieser Zeit weiterhin Mitglied des Kreisvorstands ihrer Partei war. Unser eindimensionales Verständnis von Sequenzen schließt solche Überlappungen jedoch aus. Unsere daher zwangsläufig vereinfachenden Codierentscheidungen in solchen Fällen basieren auf folgenden Prinzipien:

1. Bei zeitgleichen Episoden wird diejenige codiert, die sich auf eine höhere föderative Ebene bezieht (Bundesebene ‚sticht' Landesebene ‚sticht' lokale bzw. Bezirksebene); ebenso sticht aktive Parteimitgliedschaft die passive Parteimitgliedschaft und öffentliche Ämter stechen Parteiämter – siehe auch die Reihenfolge der Codes in *Tabelle 2*.
2. Wird eine höherrangige Episode beendet und andere Episoden laufen noch weiter, wird sodann die nächstniedrigere Episode codiert.
3. Ist für eine Episode kein Enddatum bekannt, wird sie durch den Beginn jedweder anderen Episode beendet – auch falls diese einen eigentlich niedrigrangigeren Code hat.
4. Ist für eine Episode kein Startdatum bekannt, kann sie erst beginnen, wenn keine andere Episode mehr zur Verfügung steht.

Abbildung 7: Codierung des politischen Karriereverlaufs aus Abbildung 6

Codierung	0	0	0	0	4	2	2	2	2	2	2	2	2	4	4	4	4
Alter	18	19	20	21	22	23	24	25	26	27	28	29	30	31	32	33	34

Mit diesen Codierregeln ausgestattet, lässt sich die codierte Sequenz von Frau Andreae vor Eintritt in den Bundestag wie folgt darstellen:

In Worten ausgedrückt, war Frau Andreae im Alter von 18 bis 21 kein Parteimitglied; mit 22, dem Jahr ihres Parteieintritts, wird sie in den Landesvorstand der Jugendorganisation ihrer Partei gewählt (aktive Mitgliedschaft sticht passive Mitgliedschaft); bereits im folgenden Jahr wird sie in den Kreisvorstand ihrer Partei in Freiburg gewählt (neue Episode beendet vorangegangene Episode); mit 31 Jahren tritt sie dann dem Landesvorstand ihrer Partei bei und wird in den Gemeinderat von Freiburg gewählt (neue Episode beendet vorangegangene Episode; Landesebene sticht lokale bzw. Bezirksebene), bevor Frau Andreaes vorparlamentarischer Karriereverlauf im Alter von 34 Jahren schließlich mit der Wahl in den Bundestag endet.

Beschreibende Datenanalyse

Wie sehen nun die vorparlamentarischen politischen Werdegänge von späteren Mitgliedern des Deutschen Bundestags typischerweise aus? Zur Beantwortung dieser Frage richten wir unseren Blick zu Anfang auf *Abbildung 8*, die die relative Häufigkeit der biografischen Elemente vom 18. bis zum 70. Lebensjahr (dem nach den Wahlen zum 17. Deutschen Bundestag höchsten beobachteten Eintrittsalter) für die 579 in der Sequenzanalyse erfassten Bundesparlamentarier wiedergibt.

Abbildung 8: Relative Häufigkeiten biografischer Elemente vor Eintritt in den Bundestag nach Lebensalter für die Mitglieder des 17. Deutschen Bundestags (N = 579)

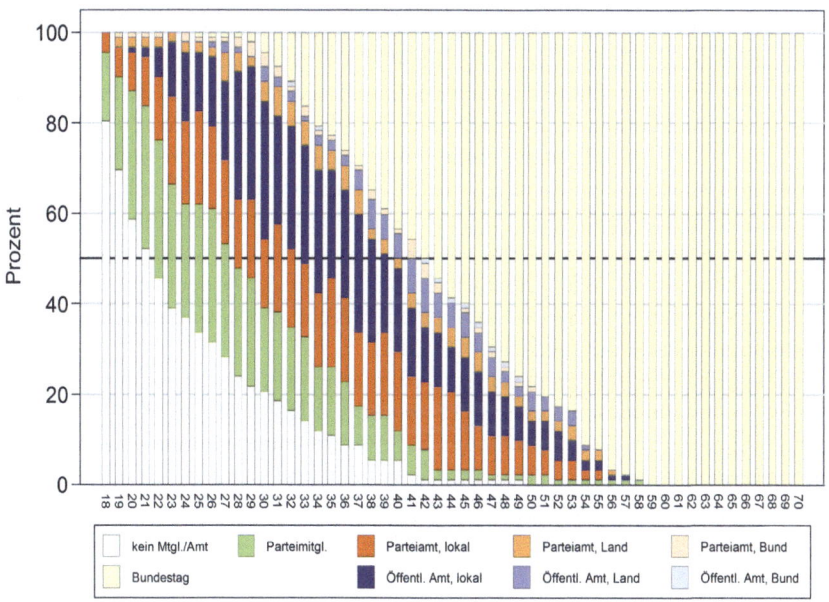

Wie wir sehen, sind die künftigen Bundesparlamentarier im Alter von 18 bis 21 Jahren mehrheitlich noch nicht politisch aktiv. Ab 22 Jahren überwiegen dann die Parteimitglieder die Nicht-Mitglieder, was durch den Schnittpunkt der 50-Prozentlinie mit dem Balken bei 22 Jahren erkenntlich wird. Ab 23 Jahren gibt es unter den Parteimitgliedern bereits eine Mehrheit von Aktiven, die sich zusätzlich in Parteifunktionen bzw. öffentlichen politischen Ämtern engagiert. Dabei sind zunächst parteipolitische Ämter auf lokaler Ebene am häufigsten, während schon ab 27 Jahren das Engagement in gewählten öffentlichen Ämtern auf lokaler Ebene in den Vordergrund tritt. Ämter auf höheren föderativen Ebenen sind auf allen Altersstufen naturgemäß seltener zu beobachten, was besonders für gewählte öffentliche Ämter zutrifft. Mit 43 Jahren schließlich ist bereits die Mehrheit der beobachteten Personen in den Bundestag gewählt.

Ein solch hochaggregierter Überblick über die altersmäßige Verteilung von biografischen Episoden liefert selbstverständlich noch wenig Informationen darüber, wie Karrieren typischerweise verlaufen, das heißt, wie viele und welche Episoden diese in der Regel enthalten, in welcher Weise sie normalerweise aufeinanderfolgen und wie lange diese Episoden im Schnitt dauern. Eingangs mag man sich die Frage stellen, wie viele dieser unterschiedlichen Episoden spätere Bundesparlamentarier im Schnitt durchlaufen. Die pauschale Antwort lautet: 3,4. Etwas differenzierter schlüsselt *Tabelle 3* dieses Ergebnis auf. Nur ein Prozent der Karriereverläufe beinhaltet lediglich eine Episode. Weitere 22 Prozent umfassen zwei, ein Drittel der Sequenzen umfasst drei und ein weiteres Viertel umspannt vier Episoden. Mehr als vier oder höchstens fünf Episoden sind deutlich seltener.

Aus *Tabelle 4* gehen die häufigsten Kombinationen dieser Episoden in individuellen Sequenzen hervor. Die Abfolge und Dauer der Episoden spielt dabei zunächst keine Rolle. Wie wir sehen, enthalten 52 der 579 beobachteten politischen Karrieremuster lediglich zwei Episoden: Keine Parteimitgliedschaft (Code 0) und passive Parteimitgliedschaft (Code 1).

Das heißt, etwa 9 Prozent der Bundesparlamentarier hatten vor ihrer Wahl in den Deutschen Bundestag keinerlei Partei- oder öffentliche Ämter inne. Unklar bleibt allerdings, ob dieser doch recht hohe Anteil nicht auch auf unvollständige Angaben in Kürschners Handbuch zurückgeht, auf welches sich unsere Analysen stützen. Nichtsdestotrotz stellt das Handbuch die einzige Datenquelle dar, die so viele Abgeordnete mit den nötigen Karriereschritten umfasst. Weitere 49 individuelle Werdegänge umfassen die folgenden Schritte: keine Parteimitgliedschaft, Parteimitgliedschaft, lokales Parteiamt (Code 2) und lokales öffentliches Amt (Code 3). Ebenfalls relativ häufig sind Karriereverläufe, die neben der Parteimitgliedschaft entweder ein lokales Parteiamt *oder* ein lokales öffentliches Amt beinhalten. Daneben treten auch Kombinationen biografischer Episoden in nennenswerter Zahl auf, die ein Parteiamt auf Landesebene enthalten (Code 4).

Beschreibende Datenanalyse

Tabelle 3: Anzahl der Episoden

Anzahl Episoden	Häufigkeit	Prozent
1	5	0,9
2	127	22,0
3	191	33,1
4	154	26,5
5	80	13,8
6	17	2,9
7	4	0,7
8	1	0,2
Total	579	100

Tabelle 4: Häufigste Kombination von Episoden in individuellen politischen Karriereverläufen vor Eintritt in den Deutschen Bundestag

Episoden	Häufigkeit	Prozent
01	52	9,0
0123	49	8,4
012	36	6,2
013	28	4,8
023	28	4,8
01234	22	3,8
0124	20	3,4
02	18	3,1
0234	18	3,1
024	12	2,1
03	12	2,1
014	11	1,9
04	11	1,9
Total	317	54,6

Öffentliche Ämter auf Landes- oder Bundesebene sind, wie auch Parteiämter auf Bundesebene, unter den hier aufgeführten 13 häufigsten Episodenkombinationen überhaupt nicht anzutreffen, was bedeutet, dass diese relativ seltener eingenommen werden. Auf eine Darstellung von Kombinationen, die unter den betrachteten Mitgliedern des 17. Bundestags seltener als zehn Mal auftreten, wurde hier, wie auch in der folgenden *Tabelle 5*, aus Platzgründen verzichtet. Im Gegensatz zur vorangegangenen *Tabelle 4*, in der häufige *Kombinationen* biografischer Episoden im Vordergrund standen, liefert *Tabelle 5* Informationen über die am häufigsten zu beobachtenden *Abfolgen* von Episoden in individuellen Karriereverläufen.

Tabelle 5: Häufigste Abfolgen biografischer Episoden in individuellen politischen Karriereverläufen vor Eintritt in den Deutschen Bundestag

Sequenz	Häufigkeit	Prozent
01	52	9,0
012	33	5,7
013	26	4,5
0132	21	3,6
02	18	3,1
03	12	2,1
014	11	1,9
04	11	1,9
032	10	1,7
Total	194	33,4

Nicht weiter erstaunlich, stellt die weiter oben beschriebene, einfachste Kombination von Episoden auch die typische Abfolge dieser Episoden dar: zuerst keine Parteimitgliedschaft, dann Parteimitgliedschaft (und dann Mitgliedschaft im Deutschen Bundestag). Hier sehen wir jedoch, dass die zweithäufigste Kombination von Episoden (0123) üblicherweise nicht in dieser Abfolge auftritt, sondern dass auf den Parteieintritt (1) häufiger ein lokales öffentliches Amt (3) vor dem lokalen Parteiamt (2) folgt. Häufiger als diese Abfolge aus vier (eigentlich drei) Karriereschritten sind jedoch einfachere Schrittfolgen, in denen dem Parteieintritt entweder ein lokales Parteiamt oder ein lokales öffentliches Amt folgt. Bemerkenswert ist, dass unter den neun in *Tabelle 4* aufgeführten häufigsten Sequenzen auch diejenige zu finden ist, die den Start von Frau Andreaes Karriere auszeichnet, nämlich das zeitgleich mit dem Parteieintritt einhergehende Engagement in einem Parteiamt auf Landesebene. Immerhin 11 Mal lässt sich diese Sequenz beobachten. Nach diesem Überblick über die typischen Episoden und deren Abfolgen innerhalb individueller Karrieremuster liefert *Tabelle 6* einen Eindruck der durchschnittlichen Dauer der Episoden, insofern diese in individuellen Karriereverläufen auftauchen.

Tabelle 6: Dauer der Episoden in Jahren

Episoden	Durchschnitt	Standardabweichung	Minimum	Maximum
Keine Parteimitgliedschaft	10,7	8,5	1	48
Passive Parteimitgliedschaft	8,7	7,5	1	33
Parteiamt, lokal	7,8	6,7	1	29
Öffentliches Amt, lokal	8,2	6,5	1	30
Parteiamt, Land	4,9	3,8	1	19
Öffentliches Amt, Land	5,8	3,8	1	17
Parteiamt, Bund	5,0	4,3	1	21
Öffentliches Amt, Bund	5,8	4,3	1	15

Wie wir sehen, verharren die späteren Mitglieder des Bundestags, welche nicht bereits mit 18 Jahren Parteimitglied sind, im Schnitt knapp 11 Jahre, bevor sie einer Partei beitreten, das heißt, sie treten ihrer Partei mit durchschnittlich 29 Jahren bei. Dieser Wert liegt deutlich über dem oben berichteten sogenannten Medianwert, auf dessen Basis die Aussage getroffen wurde, dass die Hälfte der späteren MdB im Alter von 22 Jahren bereits Mitglied einer Partei ist. Diese Diskrepanz geht einerseits auf den Umstand zurück, dass im Medianalter diejenigen Personen berücksichtigt werden, die bereits mit 18 Jahren Parteimitglied sind. Andererseits deutet die Diskrepanz auf eine rechtsschiefe Verteilung des Parteieintrittsalters hin, weil es einige Ausreißer nach oben gibt. Dies ist jenen Bundesparlamentariern geschuldet, die erst in hohem Alter einer Partei beitreten. So können wir etwa an der Maximaldauer der Episode ohne Parteimitgliedschaft von 48 Jahren erkennen, dass zumindest ein MdB erst mit 66 Jahren einer Partei beigetreten ist (konkret war das die bekannte Fernsehjournalistin Lukrezia Jochimsen, eine offensichtliche Seiteneinsteigerin). Die durchschnittliche Verweildauer in den übrigen Episoden beträgt zwischen fünf und neun Jahren, wobei diese in Ämtern auf höheren föderativen Ebenen tendenziell kürzer ausfällt als in Ämtern auf der lokalen und Bezirksebene.

Bestimmung der Ähnlichkeit von Karriereverläufen

Bisher haben wir uns mit dem typischen politischen Karriereverlauf bis zum Eintritt in den Bundestag beschäftigt. Dabei haben wir „typisch" im Sinn von Medianwerten und arithmetischen Mitteln sowie von häufigen Kombinationen und Abfolgen von biografischen Episoden verstanden. Eine solche Beschreibung eines typischen Karriereverlaufs trägt der Vielfalt individueller Karrieremuster jedoch keinesfalls ausreichend Rechnung. Tatsächlich taucht die eingangs charakterisierte typische Sequenz (Parteieintritt mit 24, Übernahme eines lokalen öffentlichen oder Parteiamts mit 27, Wahl in den Bundestag mit 44) in den uns zur Verfügung stehenden Daten kein einziges Mal auf. Mehr noch: Unter den 579 beobachteten Karriereverläufen sind nur zwei Paare exakt identisch. Alle anderen 575 Muster sind einzigartig. Wie lässt sich nun die Ähnlichkeit dieser einzigartigen Sequenzen bestimmen, damit anschließend unterschiedliche Typen von ähnlichen Karriereverläufen identifiziert und interpretiert werden können?

Zur Bestimmung der Ähnlichkeit von Sequenzen nutzen wir ein Distanzkonzept aus der Informationswissenschaft, das auf Wladimir Levenshtein (1966) zurückgeht und heute in der Sequenzanalyse häufig genutzt wird (siehe z. B. Abbott, 1995; Abbott & Tsay, 2000; Brüderl & Scherer, 2004). Levenshtein-Distanzen basieren auf der (minimalen) Anzahl von Einfüge-, Lösch- und Substitutionsoperationen, die nötig sind, um eine beliebige Merkmalssequenz in eine Zielsequenz zu übersetzen. Greifen wir zur Illustration noch einmal auf das Codebeispiel für den vorparlamentarischen Karriereverlauf von Kerstin Andreae aus *Abbildung 7* zurück und fragen, wie viele Operationen notwendig sind, um die auf den ersten Blick relativ ähnliche, fiktive Ausgangssequenz in der zweiten Zeile in *Abbildung 9* dem Verlaufsmuster von Frau Andreae in Zeile 1 (der Zielsequenz) anzugleichen:

Abbildung 9: Angleichung von Sequenzen durch Einfüge-, Lösch- und Substitutionsoperationen

Zielsequenz	0	0	0	0	4	2	2	2	2	2	2	2	4	4	4	4
Ausgangssequenz	0	0	0	1	2	2	2	2	2	2	4	4	4			
Streckung	0	0	0		1	2	2	2	2	2			4	4	4	
Operationen	0	0	0	E	S	0	0	0	0	0	0	E	E	0	0	0	E

Zunächst könnten wir, wie in Zeile 3 geschehen, die kürzere Ausgangssequenz durch Einfügungen (E in Zeile 4) strecken, um diese der Zielsequenz bestmöglich anzupassen. Darüber hinaus müsste hier zumindest eine Substitution (S) vorgenommen werden, um die beiden Sequenzen vollends anzugleichen. Die Distanz zwischen den Sequenzen ließe sich dann ohne weiteres anhand der Anzahl und des Gewichts der notwendigen Operationen berechnen. Allerdings sind die Lösungen für derartige Transformationsprobleme nicht immer eindeutig. Grundsätzlich existieren unterschiedliche Lösungsmöglichkeiten, und optimale Lösungen im Sinn minimaler Einfüge-, Lösch- und Substitutionsoperationen hängen zudem nicht zuletzt von den Kosten ab, die mit den einzelnen Operationen verbunden sind. Daher wird in Sequenzanalysen häufig ein rekursiver Optimierungsalgorithmus (der Needleman-Wunsch-Algorithmus) zur Bestimmung der Distanzen zwischen Sequenzen verwendet, welcher durch dynamische Programmierung die minimale Distanz zwischen zwei Sequenzen ermittelt und unter anderem durch Brzinsky-Fay et al. (2006) in gängiger Statistiksoftware zur Analyse sozialwissenschaftlicher Sequenzdaten implementiert wurde.

Festzulegen bleiben die mit Einfüge-, Lösch- und Substitutionsoperationen verbundenen Kosten. Für Einfüge- und Löschoperationen werden geringe Kosten von 0,25 angesetzt. Für Substitutionen sind die Kosten zumindest 1, werden aber umso größer, je höher das zu ersetzende Amt vom eigentlich vorgefundenen Amt abweicht. Substitutionskosten richten sich nach den ‚rohen' Distanzen zwischen den Codekategorien in *Tabelle 2*, so dass beispielsweise die in Abbildung 9 vorgenommene Substitution an der fünften Stelle der bereits durch Streckung angepassten Sequenzen 4 – 1 = 3 betragen würde, wobei Code 4 für ein Parteiamt auf Landesebene und Code 1 für die passive Parteimitgliedschaft steht (siehe *Tabelle 2*). Mit anderen Worten entspricht nach unserem Dafürhalten die Streckung einer Sequenz um vier Jahre den Substitutionskosten, die mit einem Karriereschritt verbunden sind (4 × 0,25); und die Kosten der Substitution etwa einer passiven Parteimitgliedschaft (Code 1) durch ein lokales öffentliches Amt (Code 3) wären doppelt so hoch (3 – 1) wie beispielsweise die Substitutionskosten, die mit der Ersetzung eines lokalen öffentlichen Amts durch ein lokales Parteiamt (Code 2) verbunden wären (3 – 2). Mithilfe dieser Kosten wurden die Distanzen für alle möglichen Paare der 579 Karriereverläufe berechnet, die im nächsten Schritt als Grundlage für die eigentliche Gruppierung der Karrieren dienen.

Gruppierung der Karriereverläufe

Zur Gruppierung von Karriereverläufen auf Basis der Distanzmatrix, die anhand des beschriebenen Vorgehens bestimmt wurde, führen wir eine hierarchische Clusteranalyse durch (siehe z. B. Abbott & Tsay, 2000). Dabei geht es im Wesentlichen darum, Gruppen individueller Karriereverläufe zu identifizieren, innerhalb derer individuelle Sequenzen möglichst ähnlich bzw. im obigen Sinn nahe sind, die sich aber untereinander mit Blick auf die in den Gruppen enthaltenen Sequenzen möglichst stark unterscheiden bzw. fern sind. Generell ist zu erwähnen, dass die auf eindimensionalen Ähnlichkeitsmaßen basierenden Gruppierungsmethoden zwar eindeutige Gruppierungen liefern, der Forscher aber immer entscheidet, in wie viele Gruppen er seine Untersuchungseinheiten zusammenfassen möchte. Diese Entscheidung hängt nicht zuletzt von der substanziellen Interpretierbarkeit der Ergebnisse ab – bei einer Gruppierung der Karrieren in 20, 50 oder 100 Gruppen kann wohl kaum noch von ‚typischen' Karrieremustern die Rede sein, wohingegen eine Einteilung in zwei oder drei Gruppen viele der tatsächlichen Unterschiede überdeckt. Eine Unterstützung bei solchen Entscheidungen bieten Dendrogramme wie in *Abbildung 10*, welche wertvolle Informationen über die Zunahme der Variabilität individueller Sequenzen *innerhalb* von Gruppen bei deren Vereinigung zu übergeordneten Clustern liefern. Aus Darstellungsgründen enthält die Abbildung nicht die vollständige hierarchische Gruppierung aller 579 untersuchten Karriereverläufe, sondern beschränkt sich auf die oberen 100 so gebildeten Subgruppen, die jedoch sehr homogen sind, wie an den Dissimilaritätswerten auf der vertikalen Achse abzulesen ist. Die Dissimilarität innerhalb der Gruppen nimmt offensichtlich abrupt zu, sobald man versucht, Subgruppen in weniger als fünf oder sechs übergeordnete Gruppen zusammenzufassen (hier ersichtlich bei einem Dissimilaritätswert um 100). Wir haben daher Lösungen zwischen vier und zwölf Gruppen näher betrachtet und kamen zu dem Ergebnis, dass sich eine Lösung mit sechs Clustern auf dem schmalen Grat zwischen interner Homogenität und notwendiger Informationsreduktion am besten inhaltlich interpretieren lässt.

Mit dieser Darstellung beenden wir den Methodenexkurs und wenden uns den empirischen Befunden dieser Methode zu. Unsere sechs mittels Sequenz- und Clusteranalyse identifizierten Karrierewege werden im folgenden Abschnitt aufgrund ihrer herausstechenden Merkmale vorgestellt.

Karriereverläufe im Bundestag: 55

Abbildung 10: Dendrogramm (Ward-Verfahren) der clusteranalytischen Gruppierung individueller Karriereverläufe der Abgeordneten des 17. Deutschen Bundestags. C1 bis C6 markieren die Gruppierungen, auf denen unsere Interpretationen basieren

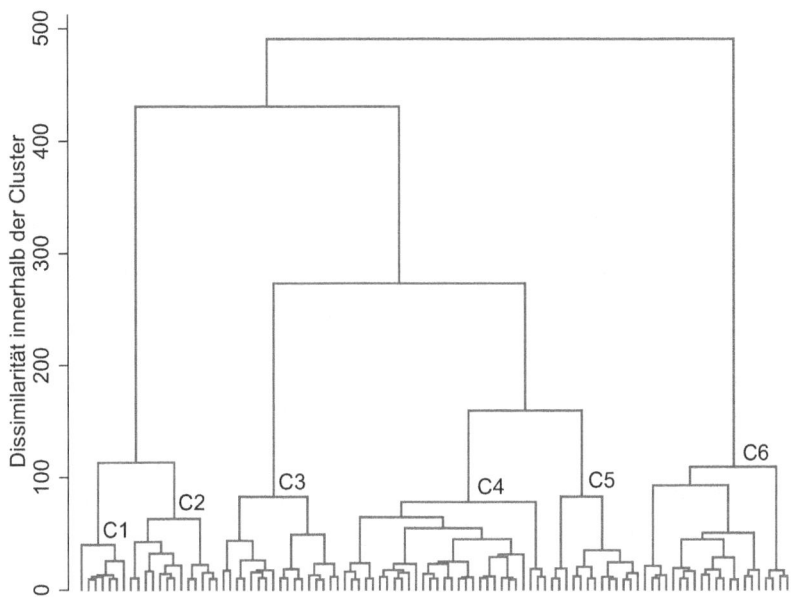

Karriereverläufe im Bundestag:
Verlauf, Charakteristika und Verteilung über die Fraktionen

Zur Veranschaulichung der 6-Gruppen-Lösung präsentieren wir in *Abbildung 11* sogenannte Indexplots, die die individuellen Karriereverläufe in den sechs Gruppen darstellen. Solche Indexplots erlauben es, bereits auf den ersten Blick einen Eindruck der substanziellen Bedeutung und des Grads der internen Homogenität der Gruppen zu erhalten. Diese sechs Cluster in *Abbildung 11* stellen alternative Karriereverläufe in der laufenden Legislaturperiode dar. In den jeweiligen Clustergrafiken sind die individuellen Sequenzen für jeden Abgeordneten zu sehen – vom 18. Lebensjahr bis zum Eintritt in den Bundestag. Wenn die Linie nicht mehr-

Abbildung 11: Indexplots der gruppierten individuellen Karriereverläufe der Abgeordneten des 17. Deutschen Bundestags

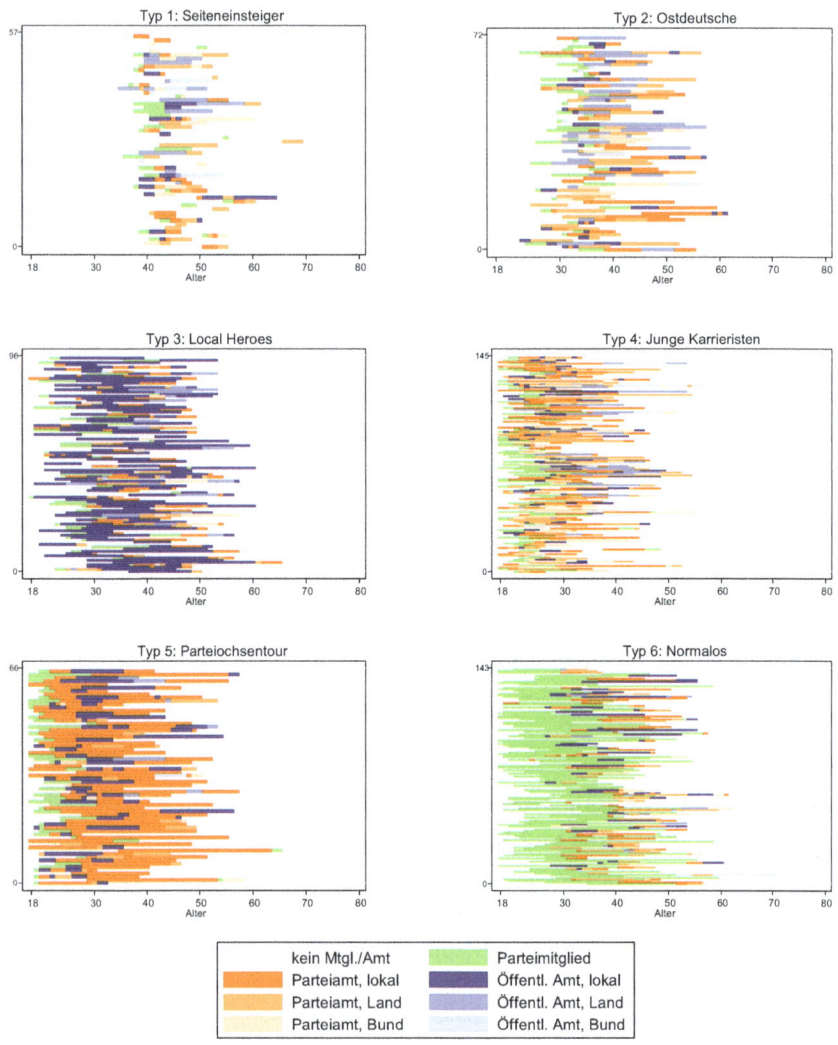

Tabelle 7: Charakteristika der sechs clusteranalytisch gebildeten Gruppen von Karriereverläufen I

Cluster	N	%	Durchschnittliches Alter bei			Verteilung der Ämter in %					
			Partei-eintritt	Übernahme des 1. Amts	Eintritt in den Bundestag	Partei-amt, lokal	Öffentl. Amt, lokal	Partei-amt, Land	Öffentl. Amt, Land	Partei-amt, Bund	Öffentl. Amt, Bund
1: Seiten-einsteiger	57	9,8	39,1	43,0	49,0	70,2	40,4	56,1	22,8	36,8	10,5
2: Ostdeut-sche	72	12,4	29,9	33,6	43,6	63,9	43,1	68,1	41,7	29,2	6,9
3: Local Heros	96	16,6	25,4	28,6	45,2	83,3	100,0	45,8	19,8	22,9	0,0
4: Junge Karrieristen	145	25,0	20,2	23,6	36,0	85,5	53,8	67,6	28,3	42,1	4,1
5: Partei-ochsentour	66	11,4	20,9	22,9	43,8	100,0	66,7	47,0	10,6	19,7	0,0
6: Normalos	143	24,7	23,6	37,7	44,0	74,8	44,8	48,3	10,5	32,2	3,5
Total	579	100	24,3	30,6	42,6	80,0	58,0	55,8	21,6	31,8	3,8

farbig zu sehen ist, endet die Sequenz, und der Parlamentarier nimmt sein Mandat im Bundestag auf. Die Werte, die in die Grafiken in *Abbildung 11* einflossen, sind in *Tabelle 7* aufgelistet. Zusätzliche Charakteristika der sechs identifizierten Karrieretypen sind in *Tabelle 8* aufgelistet.

Tabelle 8: Charakteristika der sechs clusteranalytisch gebildeten Gruppen von Karriereverläufen II

Cluster	Region (Ost) %	Geschlecht (Frau) %	Führungserfahrung in der Privatwirtschaft[8] %	Auslands- erfahrung[9] %	Wahlmodus (direkt) %
1: Seiteneinsteiger	27,8	52,6	14,0	22,8	22,8
2: Ostdeutsche	39,7	43,1	6,9	22,2	36,1
3: Local Heroes	16,0	30,2	11,5	8,3	72,9
4: Junge Karrieristen	8,0	32,4	10,3	23,4	39,3
5: Parteiochsentour	4,5	13,6	7,6	12,1	63,6
6: Normalos	18,2	35,7	7,0	20,3	45,5
Total	17,3	34,0	9,3	18,7	47,2

Cluster 1 umfasst die kleinste Gruppe eines Karrieretyps (9,8 Prozent), die sogenannten Seiteneinsteiger. *Seiteneinsteiger* treten spät in die Partei ein (im Alter von 39 Jahren im Vergleich zum Gesamtdurchschnitt von 24 Jahren). Entsprechend spät übernehmen sie ihr erstes Amt (12,4 Jahre später als der Durchschnittswert) und deutlich seltener haben sie lokale Ämter auf Gemeinde- und Kreisebene in Partei und öffentlichen Gremien inne. Der Unterschied ist besonders deutlich bei den öffentlichen Ämtern, etwa Gemeinderäten: Nur 40,4 Prozent sind in diesen Gremien auf lokaler Ebene aktiv, dies im Unterschied zu einem Gesamtdurchschnitt von 58 Prozent. Die *Seiteneinsteiger* bestätigen jedoch die Vermutung, dass sie sich zumindest auf Landes- und auf nationaler Ebene um Ämter bemühen müssen, sowohl in der Partei als auch im Bundestag, um auf Dauer ihre Karriere abzusichern. In diesen Kategorien weisen sie Durchschnittswerte auf. Ihre mangelnde Verwurzelung auf lokaler Ebene zeigt sich auch in der Tatsache, dass sie eher selten über Direktmandate gewählt werden (22,8 Prozent im Vergleich zu 47,2 Prozent im Gesamtdurchschnitt).

Aufgrund ihrer kürzeren Zeit in Ämtern und Bundestag hatten die *Seiteneinsteiger* offensichtlich mehr Zeit für ihre berufliche Karriere und bestätigen damit die über sie geäußerte Erwartung der außerparlamentarischen Erfahrung und Kompetenzen. Sie verfügen über etwas mehr Auslandserfahrung (22,8 Prozent

---

8   Diese Variable wurde aus der Berufskategorie „Manager" und „Business" kodiert, die alle Berufe mit Führungserfahrung in der Privatwirtschaft erfasst.
9   Diese Variable wurde unter Mitarbeit des Studentenforums des Tönissteiner Kreises e.V. kodiert. Die Kurzbiografien wurden nach der Anzahl ihrer Auslandsaufenthalte durchsucht und kodiert.

im Vergleich zum Gesamtdurchschnitt von 18,7 Prozent) und Führungserfahrung in der Privatwirtschaft (14 Prozent statt 9,3 Prozent Gesamtdurchschnitt). Interessanterweise sind in dieser Gruppe Frauen am stärksten vertreten (52,6 Prozent der *Seiteneinsteiger* sind Frauen, im Vergleich zu 34 Prozent Frauenanteil im Bundestag). Möglicherweise liegt Frauen dieser Karriereweg eher als der Bewährungsaufstieg der klassischen Ochsentour, wo wir den geringsten Frauenanteil finden können.

Eine typische Vertreterin der *Seiteneinsteiger* ist Annette Groth, eine Abgeordnete der Linken, die 2009 über die baden-württembergische Landesliste in den Bundestag gelangte. Frau Groth arbeitete vor ihrer Tätigkeit als Parlamentarierin bei einem europäischen Forschungsinstitut in Rotterdam und beim UN-Flüchtlingshochkommissariat in Genf; sie spricht vier Sprachen. Ihre Expertise brachte sie schon als wissenschaftliche Mitarbeiterin der Linken in deren politische Arbeit ein. Politische Verantwortung trägt sie bisher auf Landes- und Bundesebene als Mitglied im Landesvorstand der Linken und bei der Mitarbeit in diversen Arbeitskreisen. Ein weiteres Beispiel für eine Seiteneinsteigerkarriere ist die FDP-Abgeordnete Birgit Reinemund (Mannheim). Die gelernte Tierärztin und spätere Geschäftsführerin eines Nachrichtentechnikunternehmens wurde nach ihrem späten Eintritt in die Partei mit 43 Jahren bereits sieben Jahre später Bundestagsabgeordnete, und zwar mit dem besten Ergebnis eines FDP-Abgeordneten in Mannheim seit Bestehen der Bundesrepublik. Diese kurze Zeit zwischen Parteieintritt und Bundestagsmandat ist typisch für die *Seiteneinsteiger*. Reinemund übernahm in zügiger Abfolge Parteiämter auf Orts- und Landesebene und sorgt für eine lokale Absicherung mittels eines Gemeinderatsmandats, das sie gleichzeitig mit dem Bundestagsmandat antrat. Auslandserfahrung sammelte sie im Rahmen eines Studiums in Australien und Neuseeland.

Mit Typ 2 erfassen wir zu großen Teilen die Karrieren der *ostdeutschen* Parlamentarier, welche die üblichen Karriereschritte wie Parteibeitritt und Übernahme des ersten Amts gezwungenermaßen eher später als der Durchschnitt machen konnten. In diesem Cluster sind nicht nur ostdeutsche Parlamentarier, sondern auch westdeutsche Parlamentarier enthalten, die einen Späteinsteigerkarriereweg gingen. Da der Anteil derjenigen Bürger, die 1990 Bürger der DDR waren, hier im Vergleich zu den anderen Clustern am höchsten ist, halten wir die Bezeichnung dieses Clusters als *ostdeutsch* für berechtigt. Die Parlamentarier dieses Typs sind im Durchschnitt auf lokaler Ämter- und Parteiebene nicht übermäßig stark engagiert, sondern orientieren sich eher an der nationalen Ebene. Zwar ist ihre Auslandserfahrung etwas höher als im Durchschnitt (22,2 Prozent im Vergleich zu 18,7 Prozent), ihre privatwirtschaftliche Führungserfahrung ist jedoch im Vergleich mit anderen Karrierewegen am geringsten (6,9 Prozent im Gegensatz zu 9,3 Prozent).

Ein Vertreter dieses Typs ist der Abgeordnete Harald Terpe von Bündnis 90/ Die Grünen, der erst mit 53 Jahren MdB wurde, nachdem er bis zur Übernahme seines Mandats als Oberarzt in Mecklenburg-Vorpommern tätig war. Bis zur Wende engagierte sich Terpe im Neuen Forum und war daraufhin für Bündnis 90 auf lokaler Ebene aktiv. Nur drei Jahre vor seinem Einzug in den Bundestag erhielt Terpe lokale Mandate, kandidierte erfolglos als Oberbürgermeister in Rostock und zog als Bürgerschaftsmitglied in den Gemeinderat.

In Typ 3 finden wir diejenigen Abgeordneten, die durch das lokale politische Amt zum Mandat gelangen: *Local Heroes* (16,6 Prozent). Sie treten früh, durchschnittlich mit 25 Jahren, in die Partei ein und übernehmen im Schnitt zwei Jahre früher als andere ein erstes Amt. Alle Parlamentarier in diesem Cluster haben auch während ihres Amts in Berlin noch ein lokales Amt inne. Sehr häufig handelt es sich hier um Bürgermeister und Gemeinderäte mit starker regionaler Verwurzelung, die weniger häufig Ämter auf nationaler Ebene übernehmen. Wahrscheinlich durch ihre starke Verwurzelung und durch ihr großes Engagement auf lokaler Ebene konnten sie weniger Auslandserfahrung sammeln, nur 8,3 Prozent der *Local Heroes* lebten oder arbeiteten vor dem Mandat im Ausland. Dahingegen zeigen sie durchschnittlich häufig Führungserfahrung in der Privatwirtschaft. Ihr Erfolg baut auf ihrer Basisarbeit auf, denn 72,9 Prozent von ihnen werden über das Direktmandat in den Bundestag gewählt.

Ein typischer Vertreter dieses Clusters ist Peter Götz aus dem Wahlkreis Baden-Baden. Mit 27 trat er der CDU bei, übernahm sofort ein Parteiamt als Mitglied des Vorstands der CDU Rastatt und engagierte sich stark in der kommunalpolitischen Vereinigung der CDU. Ein öffentliches politisches Amt übernahm er ein Jahr nach seinem Parteibeitritt als Stadtrat von Rastatt und Ortschaftsrat von Rastatt-Wintersdorf. Diese politische Karriere konnte er vor Ort pflegen, da er als gelernter Immobilienwirt im Bauverwaltungsamt im gleichen Landkreis tätig war. Mit 43 Jahren übernahm er als Direktkandidat ein Bundestagsmandat, das er seit 21 Jahren innehat.

Mit dem vierten Typ, zu dem 25 Prozent der MdB gerechnet werden, bezeichnen wir junge, früh national agierende Aufsteiger, die durch frühen Parteieintritt und frühe Parteiamtsübernahme schnell in den Bundestag gelangten und auf Bundesebene bald Posten besetzen – die *Jungen Karrieristen*. Sie erreichen ihr Mandat eher über Listen, nur 39,3 Prozent sind Direktkandidaten. Trotz ihrer kurzen Berufskarriere besitzen sie zumindest leicht überdurchschnittliche Führungserfahrung in der Privatwirtschaft sowie überdurchschnittliche Auslandserfahrung.

Die *Jungen Karrieristen* zeichnen sich durch einen extrem frühen Parteibeitritt aus. Sie sind sehr engagiert bei der Übernahme von Ämtern auf praktisch allen Ebenen, sowohl bei parteigebundenen als auch bei öffentlichen Ämtern. Dieses große Engagement zeigt sich in einem sehr frühen Eintritt in den Bundestag mit durchschnittlich 36 Jahren im Gegensatz zu 43 Jahren im Gesamtdurchschnitt. Johannes Vogel (FDP), einer der jüngsten Abgeordneten, ist ein Beispiel für eine solche Karriere: Seit seinem 16. Lebensjahr engagiert in der Jugendorganisation der FDP (Junge Liberale), trat er mit 17 in die FDP ein. Während seines Studiums der Politik- und Rechtswissenschaft arbeitete er als Mitarbeiter im Abgeordnetenbüro eines FDP-Parlamentariers sowie im Wahlkampf für weitere FDP-Abgeordnete. Im Jahr 2009 erlangte er im Alter von 25 Jahren ein Bundestagsmandat über die Landesliste, übernahm sofort die Rolle des arbeitsmarktpolitischen Sprechers der FDP und beendete im gleichen Jahr sein Studium.

Mit Typ 5 bezeichnen wir die Absolventen der sogenannten Ochsentour, die identisch ist mit dem „Weg durch zahlreiche Funktionen, Ämter und Aufgaben" (Bülow, 2010, S. 28) oder dem sogenannten Bewährungsaufstieg; 11,4 Prozent der Abgeordneten werden diesem Typus zugeordnet. Diese Gruppe zeichnet ein früher Parteieintritt und frühe Amtsübernahme in der Partei auf lokaler Ebene aus, jedoch ein nicht ganz so starkes Engagement auf Landes- und Bundesebene. *Parteiochsentourler* verfügen über eine deutlich geringere Auslandserfahrung und weniger Führungskenntnisse in der Privatwirtschaft als der Gesamtdurchschnitt. Ihr Mandat erhalten die Ochsentourabsolventen sehr häufig über Erststimmen. Dieser Karriereweg scheint bei Frauen unpopulär zu sein; sie machen nur 13,6 Prozent dieses Clusters aus.

Der SPD-Abgeordnete Michael Groschek, ein typischer Vertreter der Parteiochsentour, wurde im Jahr 2000 mit 44 Jahren als Direktkandidat der SPD zum ersten Mal für seinen Wahlkreis Oberhausen I in den Landtag gewählt. Seinem Landtagsmandat ging ein langjähriges lokalpolitisches Engagement im Rat der Stadt Oberhausen voraus. Ebenfalls direkt gewählt wurde er 2009 in den Bundestag.

Mit dem sechsten Typ – der heterogensten Gruppe (siehe den Dissimilaritätswert in Abbildung 10) – bezeichnen wir eine recht große Restkategorie (24,7 Prozent der Abgeordneten), die zwar frühes Parteimitglied ist, aber später und in geringerem Ausmaß Ämter übernimmt. Während diese Parlamentarier zu durchschnittlichem Zeitpunkt Parteiämter auf allen Ebenen übernehmen, sind sie bei öffentlichen Ämtern eher weniger stark vertreten. In fast allen weiteren Kategorien – Auslands- und Führungserfahrung, Frauen-Prozentsatz, Direktwahl – stellen sie den Durchschnitt dar und können als die typischen *Normalos* betrachtet werden, die in keiner unserer Kategorien besonders herausstechen. Der SPD-Parlamentarier Martin Burkert entspricht diesem Muster. Mit 21 trat er der SPD bei, engagierte sich im Stadtrat von Nürnberg und wurde mit 41 Jahren Bundestagsabgeordneter über die Landesliste. Seit diesem Zeitpunkt übernimmt er sukzessive, aber nicht sehr schnell Ämter auf Fraktions- und Bundesebene, so z. B. als Bahnenbeauftragter der SPD-Bundestagsfraktion.

Nach Identifizierung der Karrieretypen stellt sich die Frage, wie die verschiedenen Karrieretypen über die Fraktionen verteilt sind und ob die einzelnen Fraktionen gewisse Karrieretypen anziehen oder begünstigen: Überwiegen bestimmte Typen in Fraktionen? Setzen sich andere Typen je nach Fraktionszugehörigkeit weniger durch? Hinsichtlich der Clustertypen in den verschiedenen Fraktionen erhalten wir folgendes Bild.

Abbildung 12: Verteilung der sechs Cluster auf die Fraktionen

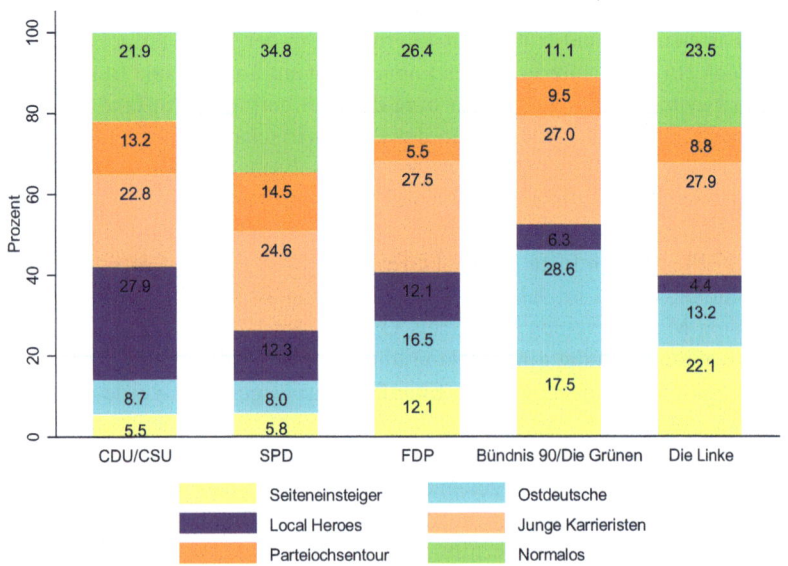

Karriereverläufe im Bundestag: 63

Seiteneinsteiger (Typ 1) sind vor allem in den kleineren Fraktionen stark vertreten, am häufigsten bei der Linken und bei Bündnis 90/Die Grünen, während ihr Anteil in den großen und länger etablierten Fraktionen geringer ist. So sind in der Fraktion der Linken 22,1 Prozent *Seiteneinsteiger*, in der CDU/CSU und der SPD aber nur 5,5 bis 5,8 Prozent. Dieses Bild wiederholt sich bei Typ 2, der die etwas späteren Karrieren – häufig von *Ostdeutschen* – beschreibt. Auch dieser Parlamentariertyp kommt eher in den kleineren Parteien vor, vor allem bei Bündnis 90/Die Grünen (28,6 Prozent der Fraktion).

Den größten Anteil der *Local Heroes* (Typ 3) hat mit 27,9 Prozent die CDU/CSU. In der SPD sind es hingegen nur 12,3 Prozent. Dieser vergleichsweise niedrige Prozentsatz kann mit der niedrigen Anzahl Direktmandate erklärt werden, die die SPD in der Bundestagswahl 2009 gewinnen konnte. Noch seltener sind diese stark lokal verwurzelten Volksvertreter in den Fraktionen der Linken und bei Bündnis 90/Die Grünen (4,4 bzw. 6,3 Prozent der Fraktionsmitglieder). Dies überrascht nicht, da die großen Parteien mehr Direktmandate erringen und die *Local Heroes* ja zu großem Teil so ihr Mandat erhalten.

In allen Parteien recht ähnlich hoch ist der Anteil der *Jungen Karrieristen* (zwischen 22,8 und 27,9 Prozent der jeweiligen Fraktionsmitglieder). Dieser Parlamentariertyp scheint unabhängig von Wahlmodus und Parteistrukturen in allen Parteien vergleichbare Chancen zu haben, ein Mandat zu erhalten. Alle Parteien sind ähnlich bereit, diese jungen Berufspolitiker in ihren Reihen zu fördern und zu wählen.

Den größten Anteil an Vertretern der *Parteiochsentour* (Typ 5) findet man in CDU/CSU und SPD (13,3 bzw. 14,5 Prozent der Fraktionsmitglieder). Wie bei den *Local Heroes* sind hier viele Direktkandidaten vertreten, so dass der Anteil in CDU/CSU und SPD am höchsten ist. Zudem wird der Bewährungsaufstieg durch die Gremien vor allem in den Parteien begangen, die ausgedehnte Parteistrukturen auf Gemeinde- und Kreisebene anbieten, dies im Gegensatz zu den kleineren Parteien (FDP 5,5, Grüne 9,5, Linke 8,8 Prozent).

Die Restkategorie der *Normalos* (Typ 6) ist mit 34,8 Prozent am stärksten in der SPD-Fraktion. In CDU/CSU, der Linken und der FDP gehören 21,9 bis 26,4 Prozent zu diesem Typus. Diese *Normalos* zeichnen sich auch durch einen Bewährungsaufstieg durch die Parteigremien aus, bevor sie ein Bundestagsmandat erringen. Dieser Aufstieg ist jedoch nicht ganz so ausgeprägt wie bei den *Parteiochsentourlern*, da die *Normalos* deutlich später nach dem Parteieintritt Ämter übernehmen. Am geringsten ist ihr Anteil mit 11,1 Prozent bei den Grünen.

Eine weitere Frage betrifft die Homogenität der Karrieren innerhalb der Fraktionen. Die Homogenität gibt an, wie hoch die Wahrscheinlichkeit ist, bei zwei zufällig ausgewählten Abgeordneten einer Fraktion auf den gleichen Karrierehintergrund zu treffen. Die Karrierehomogenität einer Fraktion ist ein Indikator dafür, wie stark innerhalb der Parteistrukturen bestimmte Typen vorherrschen. Das Maß der Homogenität kann im Fall von sechs Karrieretypen Werte zwischen minimal 0,167 (absolute Heterogenität) und 1 (absolute Homogenität) annehmen und schwankt in den Fraktionen nur zwischen 0.2 und 0.23 (CDU/CSU: 0,21, SPD: 0,23, FDP: 0,2, Bündnis 90/Grüne: 9,22, Linke 0,21). Das heisst, dass es nur wenig Varianz zwischen den Fraktionen und keine starke Dominanz eines Karrieretyps beziehungsweise eine starke Homogenität in einer Fraktion gibt.

Fazit

In diesem ersten Teil der Studie untersuchten wir die biografischen Daten von Bundestagsabgeordneten aus drei Legislaturperioden im Hinblick darauf, mit welchem Hintergrund, welchen Erfahrungen und welchem Vorwissen deutsche Parlamentarier ihr Mandat beginnen und ausüben. Datengrundlage sind die von den Parlamentariern selbst angegebenen Kurzbiografien für Kürschners Volkshandbuch Deutscher Bundestag, die im Rahmen dieses Projekts aufbereitet und statistisch ausgewertet wurden. Mit deskriptiven Statistiken zeigen wir zum einen, dass die deutschen Parlamentarier vor der Übernahme ihres Mandats sehr häufig im öffentlichen Dienst arbeiteten, insbesondere als Lehrer oder Juristen. Eher wenige Parlamentarier sind aus der Wirtschaft in die Politik gelangt; am ehesten sind diese noch in der CDU/CSU und FDP zu finden.

Orientiert an der bisherigen Forschung zur Soziologie von Parlamentariern zeigen wir, dass der Bundestag und seine Zusammensetzung sehr von Stabilität geprägt sind. Das Durchschnittsalter der MdB stieg in den letzten Jahrzehnten auf 47 Jahre an, und die „Turnoverrate" von 22 bis 31 Prozent in den letzten vier Wahlen ist traditionell auf ihrem mit dem Ausland verglichen tiefen Niveau verblieben. Somit hat der Bundestag nur einen vergleichsweise geringen Prozentsatz Neulinge pro Legislaturperiode zu verarbeiten. Zwischen den Fraktionen gibt es recht starke Variation in diesen Werten, denn in den großen Volksparteien sind eher die älteren und in den kleinen Fraktionen die jüngeren Parlamentarier zu finden. Insbesondere in der FDP scheint in den letzten 12 Jahren eine Erneuerung des politischen Personals stattgefunden zu haben.

In der Verlaufsanalyse der biografischen Daten der 17. Wahlperiode betrachteten wir die Karriereverläufe der Parlamentarier und zeigten, dass typischerweise der größte Teil der Parlamentarier über den Weg einer Parteifunktion oder eines öffentlichen Amts ins Parlament gelangt. Einer frühen Parteimitgliedschaft folgen Ämter auf lokaler Ebene und mit durchschnittlich Mitte 40 der Eintritt in den Deutschen Bundestag. Mit Hilfe der Sequenz- und Clusteranalyse konnten wir sechs alternative Karriereverläufe im Bundestag herausarbeiten. Wir identifizieren zwei typische Ochsentour-Karriereverläufe, die *Local Heroes* und die *Parteiochsentourler* – die entweder stark auf lokale öffentliche Ämter wie Gemeinderäte aufbauen oder sich auf lokale Parteiämter stützen. Diese Parlamentarier gelangen häufig über ein Direktmandat in den Bundestag und bleiben ihren Heimatregionen durch lokale Ämter stark verbunden. Gerade diese zwei Karrieremuster finden sich am häufigsten in den großen Fraktionen CDU/CSU und SPD. Weiterhin können wir einen typisch ostdeutschen Karriereverlauf skizzieren, der von späteren Eintritten in die entsprechenden Gremien geprägt ist. Ein weiterer Karriereverlauf ist derjenige der *Jungen Karrieristen*, die sehr früh Ämter übernehmen, der Partei beitreten und auch früh in den Bundestag gelangen. Sie sind weniger an lokaler Repräsentation als an Ämtern auf Bundesebene orientiert. Sie sind in allen Parteien zu ähnlichen Anteilen zu finden.

Knapp zehn Prozent der Parlamentarier lassen sich einem *Seiteneinsteiger*-Karriereverlauf zuordnen, der durch einen sehr späten Parteibeitritt im Alter von 39 statt durchschnittlich 24 Jahren und einer Ämterübernahme eher auf Bundes- als auf Regionalebene charakterisiert ist. *Seiteneinsteiger* besitzen im Vergleich zu den anderen Karrieremustern überproportional viel Auslands- und Führungserfahrung in der Privatwirtschaft. Am häufigsten sind *Seiteneinsteiger* in den kleineren Fraktionen repräsentiert.

Im Anschluss an diese Resultate drängen sich zweierlei Fragestellungen auf. Zum einen interessiert, welche Konsequenzen die hier identifizierten vorparlamentarischen Verlaufsmuster für die politischen Karrieren von Abgeordneten nach Eintritt in den Bundestag haben. Gibt es beispielsweise systematische Unterschiede zwischen den sechs alternativen Pfaden in den Bundestag mit Blick auf die Besetzung von Fraktions-, Parlaments- und Regierungsämtern? Wie im nächsten Teil zu sehen sein wird, haben wir zur Beantwortung dieser Fragen zusätzlich die politischen Karrieren der Mitglieder des Bundestags nach ihrem Parlamentseintritt systematisch erfasst und codiert.

Zum anderen erscheint es lohnenswert, die Gruppe der *Seiteneinsteiger* mittels Interviews genauer zu untersuchen. Mit der Ausnahme von Einzelfallstudien in Form von Einzelportraits (Lorenz & Micus, 2009; Mögel, 2008) gibt es wenig systematische Erkenntnisse über die Situation von *Seiteneinsteigern* in Parlamenten. Wir haben daher mit möglichst vielen *Seiteneinsteigern* semi-strukturierte Eliteninterviews durchgeführt. Darin werden anhand eines Fragebogens systematisch gewisse Themenbereiche auf messbaren Skalen und zusätzliche erläuternde Informationen erfasst. Folgende Fragen waren dabei erkenntnisleitend: Mit welcher Motivation gelangen *Seiteneinsteiger* in den Bundestag, und warum entschieden sie sich nicht schon früher, für den Bundestag zu kandidieren? Wo sehen die *Seiteneinsteiger* Unterschiede zu den etablierten Parlamentariern? Erkennen sie Vorteile durch zusätzliche, außerparlamentarische Kenntnisse oder vermissen sie bestimmte Fähigkeiten wie Erfahrung in der Gremienarbeit? Bemühen sie sich um öffentliche und parteipolitische Mandate nach ihrem Beitritt in den Bundestag, um ihre Position zu sichern? Wie abhängig fühlen sie sich von der Fraktionsführung, und wie sehen sie ihre Position innerhalb der Fraktion – verstehen sie sich als eher marginalisiert oder können sie mangelnden ‚Stallgeruch' kompensieren?

Werdegang, Verhalten und Ansichten verschiedener Karrieretypen im Bundestag unter besonderer Berücksichtigung des Karrieretyps *Seiteneinsteiger*

Einleitung

In diesem Kapitel untersuchen wir aufbauend auf den Ergebnissen des ersten Teils, ob die sechs identifizierten Karrieretypen unterschiedliche Verhaltensmuster und Karriereverläufe im Plenum aufweisen. Besondere Aufmerksamkeit widmen wir dabei den *Seiteneinsteigern*. Im Folgenden behandeln wir die Fragen, welche Ämter die unterschiedlichen Karrieretypen erhalten und in welchen Ausschüssen die Parlamentarier arbeiten. Weiter stellen wir dar, wie sich die unterschiedlichen Karrieretypen in ihren Ansichten und ihrem Repräsentationsverständnis und in ihrem Abstimmungsverhalten im Plenum unterscheiden.

Verteilung der Karrieretypen

Für die Zwecke dieser Studie wurden Daten zu den Karriereschritten von 622 Abgeordneten des 17. Deutschen Bundestags erfasst. Für die Analysen selbst konnten wir aufgrund teils fehlender Angaben nur auf 579 der 622 Abgeordneten eingehen (Ausschöpfungsquote von rund 93 Prozent). Die Daten umfassen auch Informationen zu den Ämtern und Funktionen, welche innerhalb des Bundestags besetzt und ausgeführt wurden, sowie Informationen zu Start, Ende und Dauer der Positionen. Im ersten Teil identifizierten wir mit Hilfe einer Verlaufsmusteranalyse aufgrund des Karriereverlaufs bis zum Eintritt in den Deutschen Bundestag sechs verschiedene Karrieretypen: *Seiteneinsteiger, Ostdeutsche, Local Heroes, Junge Karrieristen, Parteiochsentourler, Normalos*. *Local Heroes* und *Parteiochsentourler* erlangten ihr Mandat über typische Ochsentour-Karriereverläufe, die entweder stark auf lokale öffentliche Ämter wie Gemeinderäte aufbauen oder sich auf lokale Parteiämter stützen. Diese Parlamentarier gelangen häufig recht früh über ein Direktmandat in den Bundestag und bleiben ihren Heimatregionen durch lokale Ämter stark verbunden. Ein typisch *ostdeutscher* Karriereverlauf ist von späteren Eintritten in die entsprechenden Gremien geprägt. *Junge*

Karrieristen treten sehr früh in die Partei ein, übernehmen sehr bald Ämter und gelangen schnell in den Bundestag. Knapp 10 Prozent der Parlamentarier lassen sich einem *Seiteneinsteiger*-Karriereverlauf zuordnen, der sich durch einen sehr späten Parteibeitritt und Ämterübernahme eher auf Bundes- als auf Regionalebene auszeichnet. Außerdem besitzen *Seiteneinsteiger* im Vergleich mit den anderen Karrieremustern überdurchschnittliche Auslands- und Führungserfahrung in der Privatwirtschaft.

Bisherige Studien über den Karriereverlauf bundesdeutscher Parlamentarier zeigen vor allem deskriptiv, welche Parteien zwischen 1848 und 1999 welche Amtsinhaber stellen (Best et al., 2000). So wird erfasst, zu welchen Anteilen Bundestagsabgeordnete lokale Ämter und Parteifunktionen sowie überregionale Parteifunktionen einnehmen (Best & Jahr, 2006) – und gezeigt, dass sich dieses Engagement positiv auf die Mandatslänge auswirkt. Die Übernahme verschiedener Ämter nach Aufnahme eines Bundestagsmandats wird als unabdingbarer Schritt bei der Absicherung der politischen Karriere angesehen (Borchert & Stolz, 2003). Wenig Kenntnis besitzen wir jedoch darüber, inwieweit sich der Karriereweg auf den Erhalt von Ämtern im Bundestag auswirkt. Dieser Thematik gehen wir in diesem Kapitel ausführlicher nach.

Übergang in den Bundestag

Im Folgenden besprechen wir den Schritt von Politikern in den Bundestag. *Tabelle 9* bietet einen groben Überblick, *Abbildungen 13* und *14* präsentieren Detailinformationen.

Tabelle 9: Durchschnittliches Alter und durchschnittliche Karrieredauer bis zum erstmaligen Erreichen des Bundestags

	Seiteneinsteiger	Ostdeutsche	Local Heroes	Junge Karrieristen	Parteiochsentour	Normalos
Alter	48	42	47	34	44	45
Karrieredauer[10]	4	10	16	11	21	7

---

10 Alle Angaben in Jahren. Die Karrieredauer ist die Zeit vom ersten Amt (öffentlich oder parteigebunden) bis zum Eintritt in den Bundestag.

Für die folgenden Untersuchungen verwenden wir eine Ereignisdatenanalyse, die Aufschluss darüber gibt, wann und unter welchen Umständen bestimmte Ereignisse auftreten. Wie lang dauert es bis zu einem bestimmten Ereignis, und wovon genau hängt diese Dauer ab? Wie viel Zeit vergeht also etwa bis zum Eintritt in den Bundestag, zum ersten, zweiten, dritten innerparlamentarischen Amt oder auch einem ganz bestimmten Amt?

Nachfolgend werden die Übergangsraten für die einzelnen Ämter und Karrieretypen dargestellt[11]. Die Übergangsraten geben an, welcher Anteil der noch verbleibenden Untersuchungsobjekte – beobachtete Politiker, die zu diesem Zeitpunkt noch nicht das erste Mal dem Bundestag angehörten – innerhalb des nächsten Jahres ein Mandat erhalten werden. Sind die Übergangsraten steigend oder fallend, steigt oder fällt die Wahrscheinlichkeit eines Mandats oder Amts mit der Zeit, die man schon in das Politiker- oder Abgeordnetendasein investiert hat. Wie in *Abbildung 13* zu sehen, ist hierbei interessant, dass sich augenscheinlich nur die *Jungen Karrieristen* von den anderen Karrieretypen unterscheiden. Sie erreichen als erste den Bundestag und haben allgemein eine deutlich höhere Übergangsrate.

Abbildung 13: Übergang in den Bundestag nach Alter, Übergangsrate

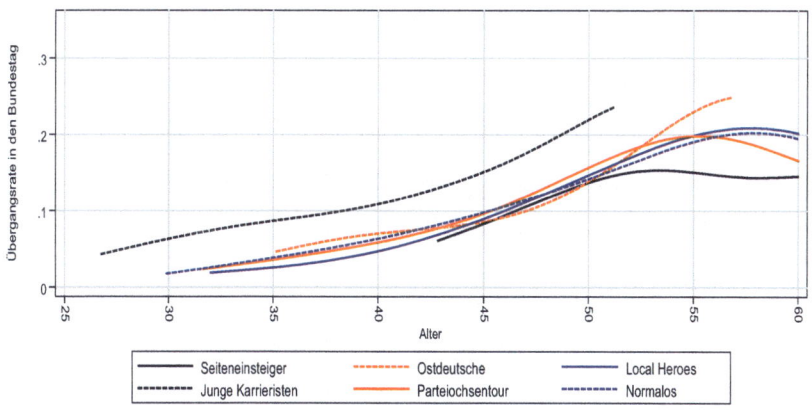

---

11 Die Modellierung der Ereignisse beruht dabei auf den sogenannten „Hazard Rates". Die Hazard Rate liefert Informationen darüber, welcher Anteil der zu einem bestimmten Zeitpunkt noch vorhandenen Population innerhalb der nächsten Zeiteinheit aus der Population auszuscheiden droht. Bezogen auf Politikerkarrieren gibt die Hazard Rate an, wie hoch die Rate des Erreichens des Bundestags oder eines anderen Karriereschrittes ist. Daher ersetzen wir den Begriff der Hazard Rate durch den für unsere Zwecke dienlicheren Terminus der Übergangsrate.

Wir erwarten, dass bei den fünf restlichen Gruppen Ämter aufgrund des Lebensalters und der damit verbundenen Erfahrung erreicht werden und weniger aufgrund ihrer Ambitionen. Diese Faktoren können einen ähnlichen Einfluss haben wie die Motivation, die wahrscheinlich bei den *Jungen Karrieristen* sehr stark ausgeprägt ist und damit das weniger hohe Alter und die geringere Erfahrung kompensieren könnte.

Interessant ist, dass es mithin das ideale Alter für ein erstes Bundestagsmandat zu geben scheint, ungeachtet aller Unterschiede zwischen den Gruppen und unabhängig vom Karriereverlauf. Dahingegen differenziert sich das Bild, wenn man stattdessen die Zeit seit Beginn der politischen Karriere betrachtet. In *Abbildung 14* zeigt sich, dass die *Seiteneinsteiger* im Gegensatz zu allen anderen schon zu Beginn ihrer politischen Karrieren hohe Übergangsraten besitzen. Bei der Betrachtung der Karrierejahre befinden sich die *Jungen Karrieristen* nur noch in einer Mittelfeldstellung, zusammen mit den *Ostdeutschen* und den *Normalos*. Am weitaus längsten, um in den Bundestag zu gelangen, benötigen die klassischen Karriereformen der *Parteiochsentour* und der *Local Heroes*.

Abbildung 14: Übergangsrate in den Bundestag nach Karrierezeit

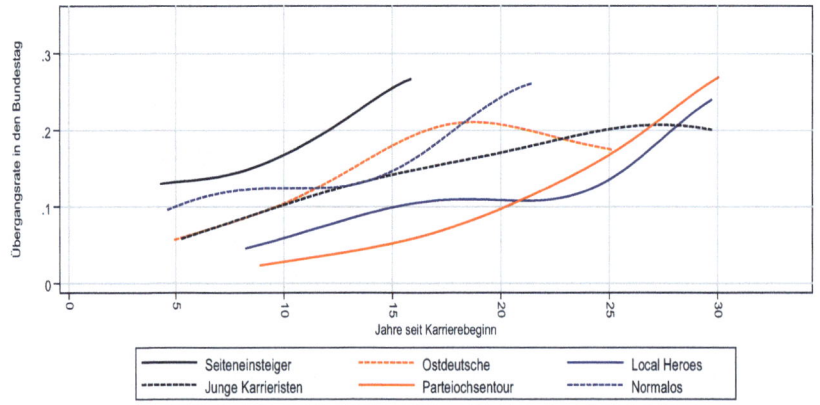

Wie lassen sich diese Muster interpretieren? Eine mögliche Erklärung liefern die erwähnten Größen Erfahrung und Motivation, die sich am Beispiel der *Seiteneinsteiger* festmachen lassen. Zunächst konnten wir feststellen, dass sie den anderen Gruppen beim Erwerb ihres ersten Bundestagsmandats etwas hinterherhinken: erst mit rund 47 Jahren ist die Hälfte der späteren Abgeordneten dieses Typus im Bundestag angelangt. Andererseits weist gerade diese Gruppe eine sehr kurze politische Karriere vor dem Eintritt in den Bundestag auf und startet sofort mit hohen Übergangsraten in den Bundestag.

Seiteneinsteiger steigen erst spät in die Politik ein, scheinen dann aber schneller als die anderen Typen ein Mandat zu erhalten und erfolgreich den neu eingeschlagenen Weg zu verfolgen. Ihre außerhalb der Politik erworbene Lebenserfahrung könnte eine Erklärung hierfür sein. Eine alternative Erklärung könnte die bewusste Förderung durch Vertreter in höheren Parteigremien sein, die die *Seiteneinsteiger* begünstigen, um sich dadurch Zugang zu bestimmter Expertise zu verschaffen oder um die Vertretung bestimmter Berufsgruppen zu gewährleisten.

Ämter und Mandate

Nachfolgend wird die Verteilung von Funktionen, Positionen und Ämtern im Bundestag, aufgeteilt nach Karrieretypen, erörtert. Wenn man in *Tabelle 10* in der Zeile „Alle Ämter" den Prozentsatz des jeweiligen Karrieretyps mit einem Amt abliest und mit dem Prozentsatz vergleicht, den dieser Karrieretyp im Bundestag einnimmt, so lässt sich erkennen, dass vor allem die *Jungen Karrieristen*, *Local Heroes* und *Normalos* gut vertreten sind und entsprechend ihrer Gruppengrösse auch Ämter besetzen.

Wir haben weiter geprüft, ob bestimmte Karrieretypen im Akquirieren von Bundestagspositionen eventuell überproportional erfolgreich sind. *Tabelle 11* zeigt das Verhältnis der Verteilung zur eigentlichen Gruppengröße, wobei Überproportionalität durch Werte größer 1 und unterproportionale Vertretung durch Werte kleiner 1 ersichtlich wird. Es zeigt sich, dass *Junge Karrieristen*, *Local Heroes* und *Normalos* innerhalb der Ämter im Bundestag stark vertreten bleiben. Allerdings wird nun deutlich, dass die ersten beiden Karrieretypen dies nur ihrer starken Gruppengröße schulden. Es fällt auf, dass *Ostdeutsche* und *Normalos* in Bezug auf ihre Gruppengröße in allen Ämtern rund 10 Prozent überrepräsentiert sind. Besonders interessant ist die schwache Vertretung der *Seiteneinsteiger*. Mit einem Wert von 0,6 sind sie in allen Ämterkategorien in Fraktion und Parlament stark untervertreten. Der hohe Wert von 2,1 beim Amt des (Vize-)Präsidenten des Bundestags ist auf Wolfgang Thierse zurückzuführen. *Seiteneinsteiger* scheinen durch ihr durchschnittlich spätes Erreichen des Bundestags nicht in der Lage, ebenso viele Ämter zu übernehmen wie Vertreter anderer Karrieretypen.

Tabelle 10: De facto-Verteilung von Positionen und Ämtern im Bundestag innerhalb verschiedener Gruppen in Prozent

	Seiteneinsteiger	Ostdeutsche	Local Heroes	Junge Karrieristen	Parteiochsentour	Normalos
Kein Amt	11,7	11,7	17,6	22,8	13,7	22,5
Fraktionsamt	7,7	12,4	13,3	28,2	9,8	28,6
Ländergruppenamt[12]	2,7	10,8	29,7	24,3	18,9	13,5
Arbeitsgruppeamt[13]	3,3	6,6	18,1	31,2	11,5	29,5
Parlamentarisches Subgruppeamt[14]	3,6	14,3	14,3	25,0	14,3	28,6
Ausschussvorsitz	1,2	23,3	24,4	17,4	10,5	23,3
(Vize-) Präsident des Bundestags	20,0	10,0	0	10,0	0	60,0
Alle Ämter	5,5	13,6	17,1	25,7	11,0	27,2
Gruppengröße	9,9	12,5	16,6	25,1	11,4	24,6

Angaben als Zeilenprozente; Fraktion: Sprecher, Justiziar, Vorstand, (Vize-) Vorsitz, Geschäftsführung; Ländergruppe: Sprecher, (Vize-) Vorsitz; Arbeitsgruppe: Sprecher, Vorstand, (Vize-) Vorsitz; Parlamentarische Subgruppe: (Vize-) Vorsitz; Ausschuss: Sprecher, (Vize-) Vorsitz

Tabelle 11: Überproportionalität von Ämtern nach Karrieretypen

	Seiteneinsteiger	Ostdeutsche	Local Heroes	Junge Karrieristen	Parteiochsentourler	Normalos
Null	1,2	0,9	1,06	0,9	1,2	0,9
Fraktion	0,8	1,9	0,80	1,1	0,9	1,2
Ländergruppe	0,3	0,9	1,79	1,0	1,7	0,6
Arbeitsgruppe	0,3	0,5	1,09	1,2	1,0	1,2
Parlamentarische Subgruppe	0,4	1,2	0,86	1,0	1,3	1,2
Ausschuss	0,1	1,9	1,47	0,7	0,9	1,0
(Vize-) Präsident des Bundestags	2,1	0,8	0,00	0,4	0,0	2,4
Total	0,6	1,1	1,0	1,02	1,0	1,1

Angaben sind Quotient aus der de facto-Verteilung pro Gruppe im Verhältnis zur Randverteilung der Karrieretypen; Werte über 1 entsprechend einer Überrepräsentation; Fraktion: Sprecher, Justiziar, Vorstand, (Vize-) Vorsitz, Geschäftsführung; Ländergruppe: Sprecher, (Vize-) Vorsitz; Arbeitsgruppe: Sprecher, Vorstand, (Vize-) Vorsitz; Parlamentarische Subgruppe: (Vize-) Vorsitz; Ausschuss: Sprecher, (Vize-) Vorsitz

12 Ländergruppen innerhalb der Fraktion, z.B. Landesgruppe der CDU Niedersachsen.
13 Themenorientierte Arbeitsgruppen in den Fraktionen, z.B. Arbeitsgruppe Kultur und Medien und Kirchenbeauftragter der SPD-Fraktion.
14 Verschiedene Untergruppen in den Fraktionen, z.B. „Junge Gruppe", „Parlamentskreis Mittelstand".

In *Tabelle 11* werden auch die Karriereprofile innerhalb des Bundestags deutlich. Fraktionsposten scheinen besonders von *Jungen Karrieristen, Normalos* und *Ostdeutschen* bekleidet zu werden – also von Karrieretypen, die mit einer parteiinternen Karriere verbunden sind. Im Fall der *Ostdeutschen* wäre zu überlegen, ob bei der Ämtervergabe innerhalb der Fraktion nicht gewisse Proporzüberlegungen eine Rolle spielen. Gerade in den großen Fraktionen ist bekannt, dass eine angemessene Vertretung der Länder, Geschlechter und zum Teil der politischen Strömungen bei der Postenvergabe beachtet wird. Ländergruppen sind durch die regional stärker verankerten *Local Heroes* und *Parteiochsentourler* besetzt, und die *Jungen Karrieristen* und *Normalos* streben in die Arbeitsgruppen. Die Karriereprofile der *Normalos, Parteiochsentourler* und *Ostdeutschen* sind überproportional oft in den parlamentarischen Subgruppen zu finden, während bei den Ausschussvorsitzenden, gemessen an ihrer Gruppengröße, *Ostdeutsche* und *Local Heroes* dominieren.

Zusammenfassend lässt sich festhalten: *Seiteneinsteiger* werden kaum berücksichtigt bei der Vergabe von Ämtern in Fraktion und Parlament. Erwartungsgemäß erhalten *Local Heroes* verstärkt Ämter in Ländergruppen, Arbeitsgruppen und Ausschüssen. Auch *Parteiochsentourler* wissen sich über Ämter in Ländergruppen und parlamentarischen Subgruppen abzusichern. Weniger auf Ländergruppen als auf Fraktion und Arbeitsgruppen konzentrieren sich die *Jungen Karrieristen*. *Ostdeutsche* erhalten am ehesten Ämter in parlamentarischen Subgruppen und Ausschüssen, während *Normalos* ihrerseits häufig auf Fraktionsposten, in Arbeitsgruppen und parlamentarischen Subgruppen zu finden sind.

Karriereverlauf im Bundestag

Nachdem wir die Verteilungen von verschiedenen Ämtern im Bundestag betrachtet haben, geben die folgenden Grafiken einen Überblick über den zeitlichen Prozess, der dieser Verteilung zugrunde liegt. *Abbildungen 15* und *16* geben Übergangsraten zu den im Bundestag erlangten Ämtern wieder, die oben bereits beschriebenen „Hazard Rates". Dabei zeigt *Abbildung 15* die Übergangsrate für alle Ämter; *Abbildung 16* jene für die erste Position. Es lässt sich erkennen, dass die verschiedenen Karrieretypen nicht nur auf unterschiedlichen Niveaus starten, sondern auch unterschiedliche Verläufe nehmen. *Ostdeutsche* und *Parteiochsentourler* sowie *Seiteneinsteiger* starten mit der höchsten Rate; sie gelangen also durchschnittlich am schnellsten in Positionen innerhalb des Bundestags. Während die *Seiteneinsteiger* danach abfallen, beschleunigen *Ostdeutsche* und *Parteiochsentourler* weiter. *Junge Karrieristen* und *Local Heroes* starten auf mittlerem Niveau, werden aber im Verlauf von den *Normalos* überholt.

74 Karrieretypen im Deutschen Bundestags – besonders Seiteneinsteiger

Abbildung 15: Übergang in alle höheren Positionen im Bundestag nach Karrieretyp

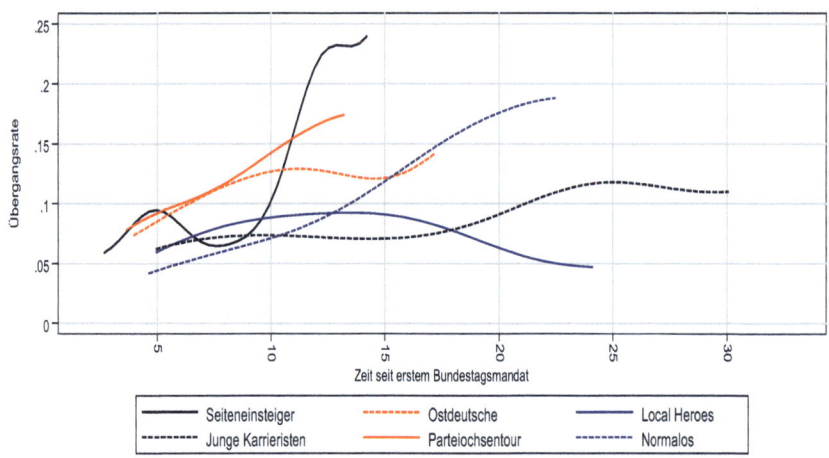

Abbildung 16: Übergang in die erste Position im Bundestag nach Karrieretyp

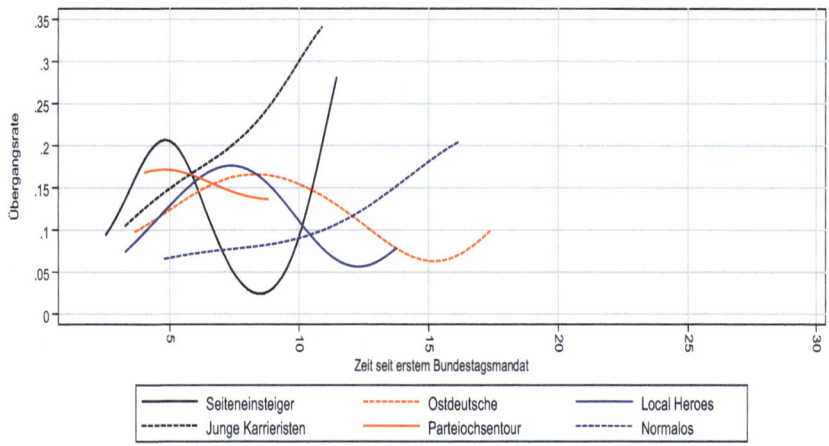

Die Kurvenverläufe verdeutlichen weiter die Positionsverteilungen. So sind *Seiteneinsteiger* offensichtlich aufgrund ihres vergleichsweise kurzen Aufenthalts im Bundestag weniger erfolgreich in der Anhäufung von Positionen. Im Gegensatz dazu haben z. B. *Junge Karrieristen* durch ihren frühen Eintritt in den Bundestag auch bei niedrigen Übergangsraten im Lauf ihrer Mandate deutlich mehr Zeit, verschiedene Positionen zu bekleiden. Betrachtet man den Übergang in die erste Position in *Abbildung 16*, scheinen alle Karrieretypen anfangs recht erfolgreich, insbesondere die *Seiteneinsteiger* und *Parteiochsentourler*, jedoch fällt diese Rate nach einigen Jahren deutlich ab. Nur die *Normalos* fallen vorerst aus der Reihe und starten mit einer niedrigen Rate.

Zusammenfassend zeigt dieser Analyseteil, dass sich verschiedene Karrierewege durchaus unterschiedlich auf den Karriereverlauf auswirken. *Seiteneinsteiger* erhalten weniger Ämter als ihre Kollegen. Obwohl sie recht bald nach Eintritt in den Bundestag Ämter erlangen, verlangsamt sich dieser Prozess stärker als bei anderen Karrieretypen. Bei den anderen Karrieretypen lassen sich Vermutungen bestätigen, dass *Junge Karrieristen* vor allem in der Fraktion und in Arbeitsgruppen Ämter erhalten, da sie hier besondere Expertise demonstrieren können. Im Gegensatz dazu zeigen *Local Heroes* ihre lokale Verbundenheit auch durch Ämter in den Ländergruppen. Außerdem sind sie, gemeinsam mit der Gruppe der *Ostdeutschen*, in Ausschussposten deutlich übervertreten.

Ausschussverteilung

Als nächstes wenden wir uns der Verteilung der Abgeordneten auf die verschiedenen Bundestagsausschüsse zu. Ausschüsse sind als spezialisierte, themenorientierte Arbeitsforen attraktive Möglichkeiten für die Parlamentarier, politische und ideologische Ziele sowie Wählerinteressen auf lokaler und nationaler Ebene umzusetzen. Wenn Abgeordnete zu Beginn einer Legislaturperiode Wünsche anmelden, in welchen Ausschüssen sie arbeiten möchten, müssen Fraktionsführungen eine Aufteilung vornehmen, wobei sie sowohl die Expertise der Abgeordneten als auch die Attraktivität der Ausschüsse sowie gewisse Proporzüberlegungen berücksichtigen.

Ausschüsse werden in der politikwissenschaftlichen Parlamentarismus-Literatur vor allem vor dem Hintergrund untersucht, welche Funktionen ihnen von Fraktionen und Parlamentariern zugedacht werden.

a. Gemäß den distributiven, legislativen Organisationstheorien werden Ausschüsse als Instrumente verstanden, den Wahlkreisen konkrete Unterstützungen zukommen zu lassen, um so die Wiederwahl der Abgeordneten zu gewährleisten (Shepsle & Weingast, 1987; Weingast & Marshall, 1988).

Dies ist besonders in den Ausschüssen der Fall, in denen lokale Interessen diskutiert werden. Laut diesem Ansatz sind Ausschüsse nicht repräsentativ für das ganze Parlament, sondern vor allem mit Abgeordneten besetzt, die in bestimmten Politikbereichen besonders starke Interessen haben, weil sie entweder die lokalen Interessen ihrer Wähler oder die ihres Berufsstands vertreten wollen, z. B. Landwirte im Ausschuss für Landwirtschaft.

b. Stärker parteiorientierte Ansätze („Partisan Selection Model") sehen Ausschüsse als effiziente Instrumente der Parteien, politische Arbeit aufzuteilen und Expertise in verschiedenen Politikbereichen sicherzustellen (Cox & McCubbins, 1994). Parteiführungen sorgen dafür, dass Fraktionsmitglieder aller Strömungen in den Ausschüssen arbeiten, damit die jeweiligen Ausschussmitglieder als Politikexperten ihre Fraktionskollegen anweisen können, welche Position sie einnehmen sollen. Auch der „Spezialisierungsansatz" (Krehbiel, 1991) betont die Funktion von Ausschüssen in der Bereitstellung von Fachwissen und geht davon aus, dass diese Gremien die Bandbreite von Meinungen im Parlament und den Parteien widerspiegeln.

Beide Ansätze sind für unsere Fragestellung nutzbar. Gemäß den distributiven Theorien in a) lassen sich Ausschüsse in Wahlkreis- und Parteiausschüsse aufteilen, die sich aufgrund ihrer Möglichkeiten unterscheiden, Wählern mehr oder weniger direkt zu nutzen. So werden in aktuellen Studien zu dieser Fragestellung der Ausschuss für Verkehr, Bau und Stadtentwicklung und der Ausschuss für Ernährung, Landwirtschaft und Verbraucherschutz als **Wahlkreisausschüsse** bezeichnet (Heinz, 2010; Stratmann & Baur, 2002), da man annimmt, dass Abgeordnete dort finanzielle Ressourcen für ihre Wahlkreise erwirken können. Demgegenüber gelten der Verteidigungsausschuss und der Ausschuss für wirtschaftliche Entwicklung und Zusammenarbeit als Parteiausschüsse, da dort kaum Mittel für Wahlkreise verteilt werden können. Zusätzlich werden der Gesundheitsausschuss und der Ausschuss für Frauen, Jugend, Familie und Senioren den Parteiausschüssen zugeordnet, da hier spezielle Gruppen angesprochen werden, die für die Wiederwahl der Partei besonders zentral sind (Stratmann & Baur, 2002).

Aus *Tabelle 12* wird deutlich, dass über den gesamten Bundestag 12 Prozent der Abgeordneten in Wahlkreisausschüssen vertreten sind. Die *Parteiochsentourler* und die *Local Heroes* sind dabei mit 19 Prozent überproportional stark repräsentiert. Gerade bei den *Local Heroes* entspricht dies unserer Erwartung, da diese ein Interesse haben, in Gremien zu arbeiten, in denen sie ihre Wiederwahl direkter fördern können. Nur 9 Prozent der *Seiteneinsteiger* und 8 Prozent der *Jungen Karristen* agieren in Wahlkreisausschüssen; diese Abgeordnetentypen sind damit in den Wahlkreisausschüssen unterdurchschnittlich vertreten.

Tabelle 12: Aufteilung der Karrieretypen auf Wahlkreis- und Parteiausschüsse

	Wahlkreisausschuss		Parteiausschuss	
Seiteneinsteiger	5	(9%)	12	(21%)
Ostdeutsche	9	(12%)	12	(16%)
Local Heroes	19	(19%)	20	(20%)
Junge Karrieristen	12	(8%)	29	(19%)
Parteiochsentour	13	(19%)	14	(21%)
Normalos	12	(8%)	25	(17%)
Total	70	(12%)	112	(19%)

Weniger eindeutig ist das Bild bei den **Parteiausschüssen**. Durchschnittlich 19 Prozent der Parlamentarier arbeiten in Parteiausschüssen, wobei sich die Aufteilung der Karrieretypen nicht stark von der Gesamtverteilung unterscheidet. Die *Seiteneinsteiger* sind mit 21 Prozent zwar etwas überdurchschnittlich vertreten, doch die Unterschiede sind recht gering. Dies mag unter anderem auch daran liegen, dass die Klassifikation des Konzepts „Parteiausschuss" nicht ideal ist. Wahrscheinlich bieten noch andere Ausschüsse die Möglichkeit, übergeordnete Parteiinteressen zu vertreten, bzw. können wohl auch in weiteren Ausschüssen regionale Interessen berücksichtigt werden. Dazu wäre jedoch eine genauere Kenntnis der behandelten Dossiers notwendig.

Der in b) vorgestellte Expertise- bzw. Spezialisierungsansatz betont eher das Bestreben der Parteien, durch die Ausschussmitglieder Fachwissen zu gewährleisten. Diese Expertise soll sowohl in den als wichtig als auch in den als weniger wichtig wahrgenommenen Ausschüssen vertreten sein. Die Wichtigkeit von Ausschüssen basiert auf ihrer zentralen Querschnittsfunktion im Gesetzgebungsprozess (z. B. Haushaltsausschuss), auf ihrem öffentlichen Ansehen (Auswärtige Angelegenheiten), ihrer wirtschaftlichen Bedeutung (Verteidigung, Wirtschaft) oder ihrer hohen Publizität (Soziales, Familie). Eine Variable, die diese Wichtigkeit annäherungsweise erfasst, ist die Größe der Ausschüsse[15]. Sie variiert zwischen 41 Mitgliedern (Haushaltsausschuss) und 13 Mitgliedern (Ausschuss für Wahlprüfung, Immunität und Geschäftsordnung). Auch wenn es in diesem Rahmen kaum möglich ist, die individuelle Bedeutung eines bestimmten Ausschusses für einen Parlamentarier zu erfassen, entspricht diese Größenvariable dem allgemeinen Prestige bzw. der Wichtigkeit eines Ausschusses innerhalb des Bun-

---

15 Dieser Vorschlag wurde uns von einem Mitarbeiter des Deutschen Bundestags gemacht, den wir zu dieser Problematik befragten.

destags. In *Tabelle 13* zeigen wir, wie sich die verschiedenen Karrieretypen auf wichtige und weniger wichtige Ausschüsse verteilen.

Tabelle 13: Aufteilung der Parlamentarier auf weniger wichtige und wichtige Ausschüsse

	Weniger wichtiger Ausschuss (<36 Mitglieder)		Wichtiger Ausschuss[16] (>36)		Gesamt	
Seiteneinsteiger	28	(49%)	29	(51%)	57	(100%)
Ostdeutsche	41	(56%)	32	(44%)	73	(100%)
Local Heroes	59	(60%)	39	(40%)	98	(100%)
Junge Karrieristen	78	(51%)	74	(49%)	152	(100%)
Parteiochsentour	32	(47%)	36	(53%)	68	(100%)
Normalos	89	(61%)	56	(39%)	145	(100%)
Total	327	(55%)	266	(45%)	593	(100%)

Fast 45 Prozent der Abgeordneten arbeiten in einem wichtigen Ausschuss mit mehr als 36 Mitgliedern. Mit der alleinigen Ausnahme des Haushaltsausschusses (41 Mitglieder) haben alle dieser wichtigen Ausschüsse 37 Mitglieder. Am schlechtesten repräsentiert in den wichtigen Ausschüssen sind die *Normalos* und die *Local Heroes*. Möglicherweise kommt dies daher, dass sie sich auf andere parlamentarische Arbeiten wie die Wahlkreisvertretung konzentrieren oder dass sie explizit nicht von der Fraktionsleitung berücksichtigt werden. Im Fall der *Local Heroes* liegt ein weiterer Grund darin, dass nur der Ausschuss für Verkehr, Bau- und Stadtentwicklung zu den wichtigen Ausschüssen zählt. Dass überdurchschnittlich viele *Parteiochsentourler*, nämlich knapp 53 Prozent, in den wichtigen Ausschüssen arbeiten, ist nicht unerwartet. Da die Ausschussvergabe durch die Fraktionsleitung geregelt ist, können die *Ochsentourler* ihre Wünsche vielleicht am ehesten geltend machen. Umgekehrt kann die Fraktionsleitung ihrerseits so sicherstellen, dass zuverlässige Parteisoldaten diese wichtigen Ausschüsse prägen. Ähnlich gut, mit knapp 51 Prozent, sind die *Seiteneinsteiger* in den attraktiven Ausschüssen vertreten. Dies könnte einerseits ein Anzeichen dafür sein, dass die *Seiteneinsteiger* notwendigerweise einen guten Draht zur Fraktionsführung besitzen, da sie höchstwahrscheinlich von dieser gefördert wurden und von ihr auch stärker

---

16 Zu den wichtigen Ausschüssen mit mehr als 36 Mitgliedern gehören der Ausschuss für Arbeit und Soziales, der Auswärtige Ausschuss, der Finanzausschuss, der Ausschuss für Gesundheit, der Haushaltsausschuss, der Innenausschuss, der Rechtsausschuss, der Ausschuss für Verkehr, Bau- und Stadtentwicklung sowie der Ausschuss für Wirtschaft und Technologie.

abhängig sind als direkt gewählte Abgeordnete mit starken regionalen Wurzeln. Andererseits könnte der hohe Prozentsatz auch die Tatsache spiegeln, dass die *Seiteneinsteiger* bestimmte Expertise – etwa in den Bereichen Gesundheit und Soziales – bereitstellen, die gerade in den wichtigen Ausschüssen benötigt wird.

Zusammenfassend konnten wir feststellen, dass *Seiteneinsteiger* weniger stark in wahlkreisorientierten Ausschüssen vertreten sind, in denen vor allem die *Local Heroes* und *Parteiochsentourler* wirken. Im Gegensatz dazu erlangen die *Seiteneinsteiger* sogar überproportional erfolgreich Sitze in den wichtigen, das heißt großen Ausschüssen, in denen die *Normalos* und *Local Heroes* weniger stark repräsentiert sind.

Repräsentationsverständnis

Der folgende Abschnitt untersucht die Frage, ob der Karrierepfad der Abgeordneten mit einem bestimmten Repräsentationsverständnis verbunden ist. Diese individuelle Auffassung vom Auftrag als Abgeordneter lässt sich nach zwei unterschiedlichen Dimensionen unterscheiden:

a. Zum einen lässt sich dieses Verständnis nach den Adressaten differenzieren. Verstehen sich Abgeordnete als Vertreter ihrer Partei, ihrer regionalen Wähler, der nationalen Wähler oder der Gesamtheit der Bürger?
b. Zum anderen gibt es unterschiedliche Auffassungen bezüglich der Repräsentation. Handelt der Abgeordnete als eigenständig Bevollmächtigter („Trustee") in der Interessensvertretung der Wähler oder als Beauftragter („Delegate"), welcher direkt die Weisungen der Wähler umsetzt (Burke, 1770/1889; Eulau, Wahlke, Buchanan, & Ferguson, 1959)?

Im Fall des Bundestags ist die Frage des Repräsentationsverständnisses von besonderer Bedeutung, da das deutsche Wahlsystem mit seiner personalisierten Verhältniswahl mit Absicht sowohl proportionale als auch lokale Vertretung garantiert (Roberts, 1988a; Scarrow, 1997). Dabei kommt den Abgeordneten mit einem Direktmandat die spezielle Rolle zu, besonders lokale Interessen zu vertreten. Ob sich diese Unterschiede in der Repräsentationsform tatsächlich beobachten lassen, ist in der Literatur bis jetzt umstritten (Sieberer, 2010).

Um die Frage des Repräsentationsverständnisses zu klären, ziehen wir Umfragedaten der deutschen Kandidatenstudie hinzu[17]. Da nur 25 Prozent der Par-

---

17 Die deutsche Kandidatenstudie (http://www.kandidatenstudie2009.wzb.eu/) wird in Kooperation mit einem international vergleichenden Forschungsprojekt zu Kandidaten in Wahlkämpfen (Comparative Candidates Survey) durchgeführt und von der Deutschen Forschungsgemeinschaft gefördert.

lamentarier im Deutschen Bundestag an dieser Studie teilnahmen, können wir allerdings nur mit Einschränkungen auf die Grundgesamtheit aller deutschen Parlamentarier schlussfolgern[18].
Zunächst wurden die Kandidaten gefragt, wen Abgeordnete mit einem Direktmandat ihrer Meinung nach repräsentieren sollten. Dabei mussten die Befragten eine Rangordnung erstellen, nach der Wichtigkeit der Repräsentation von allen Bürgern, den Wählern ihrer Partei, den Wählern ihres Wahlkreises und allen Bürgern ihres Wahlkreises. *Tabelle 14* fasst die Resultate dieser Frage zusammen, wobei der Anteil der Befragten wiedergegeben wird, welcher für die dazugehörige Kategorie den ersten Rang gewählt hat.

Tabelle 14: Erste Priorität der Repräsentation von Direktmandaten[19]

	Alle Bürger	Alle Wähler der Partei	Alle Wähler im Wahlkreis	Alle Bürger im Wahlkreis	Anderes	Total
Seiteneinsteiger	4 (29%)	2 (14%)	2 (14%)	5 (36%)	1 (7%)	14 (100%)
Ostdeutsche	2 (11%)	3 (16%)	4 (21%)	8 (42%)	2 (11%)	19 (100%)
Local Heroes	11 (32%)	4 (12%)	1 (3%)	14 (41%)	4 (12%)	34 (100%)
Junge Karrierist.	7 (19%)	8 (22%)	6 (17%)	14 (39%)	1 (3%)	36 (100%)
Parteiochsentour	4 (17%)	2 (9%)	4 (17%)	10 (43%)	3 (13%)	23 (100%)
Normalos	11 (20%)	3 (6%)	9 (17%)	26 (48%)	5 (9%)	54 (100%)
Total	39 (22%)	22 (12%)	26 (14%)	77 (43%)	16 (9%)	180 (100%)

---

18 Die geringe Beteiligungsquote ist inzwischen leider üblich. Andere Befragungen im europäischen Kontext, z.B. im Europäischen Parlament, weisen auch nur Rücklaufquoten von 30 Prozent auf. Die geringen Quoten sind wahrscheinlich auf Arbeitsüberlastung und die gestiegene Häufigkeit von Befragungen zurückzuführen. Ausnahmen sind Parlamente, die mutmaßlich weniger häufig befragt werden als der Deutsche Bundestag, z.B. das schwedische Parlament mit einer Rücklaufquote von fast 100 Prozent.

19 Wir verzichten hier auf die Angabe von Signifikanzniveaus für Gruppenunterschiede, erstens, da unklar ist, mit welcher Art von Stichprobe wir es bei einer Vollerhebung mit unvollständigem Rücklauf zu tun haben. Zweitens ist diese Stichprobe mitunter sehr klein, so dass die Berechnung von Standardfehlern für Anteilswerte basierend auf der Binomialverteilung unangemessen ist. Leider gibt es für dieses Problem keine allgemein akzeptierten Lösungen, siehe Agresti und Coull (1998).

Die *Seiteneinsteiger* weisen einen überdurchschnittlich hohen Anteil an Befragten auf, welche die Vertretung aller Bürger als wichtigste Priorität der Direktmandate einstufen. Dies passt zu dem Bild des *Seiteneinsteigers*, welcher durch seine fehlende Erfahrung auf lokaler Politikebene und durch die geringe Anzahl an Parteiämtern in seiner Laufbahn in erster Linie die nationale Politik im Blick hat. Auch den *Local Heroes* ist die Vertretung aller Bürger überdurchschnittlich wichtig; tatsächlich betrachten 32 Prozent dieser Gruppe die Repräsentation aller Bürger als die wichtigste Priorität, im Vergleich zu 22 Prozent der Gesamtheit der Befragten. Gleichzeitig zeigen sie durchschnittliche Werte bei der Vertretung der Interessen ihres Wahlkreises. Die *Jungen Karrieristen* erweisen sich als die Gruppe mit der stärksten parteipolitischen Auffassung bezüglich Repräsentation, da 22 Prozent von ihnen im Gegensatz zu 12 Prozent der Grundgesamtheit alle Wähler der Partei repräsentieren möchten. Die Parlamentarier, welche die *Ochsentour* absolviert haben, sind generell eher am eigenen Wahlkreis orientiert. Dies stimmt mit der Erwartung insofern überein, insofern als die meisten Abgeordneten dieser Kategorie über ein Direktmandat in den Bundestag gewählt werden. Allerdings erstaunt, dass sie die Vertretung der Wähler ihrer Partei als geringere Priorität einstufen als die anderen Karrieretypen, wichtiger scheint ihnen die Vertretung aller Bürger im Wahlkreis.

Um das Bild des Konflikts zwischen der Repräsentation der Partei und derjenigen der Wähler besser zu verstehen, ziehen wir eine weitere Frage aus der Kandidatenstudie hinzu. Die Abgeordneten wurden gefragt, wie sie im Fall eines Meinungskonflikts zwischen Partei und Wählern handeln würden. Würden sie bei einer parlamentarischen Abstimmung gemäß Parteilinie oder gemäß Wählermeinung abstimmen? Die *Seiteneinsteiger*, die *Ostdeutschen* und die *Local Heroes* sind in dieser Frage je zu gleichen Teilen gespalten, wie aus *Tabelle 15* hervorgeht. Die *Jungen Karrieristen* und die *Parteiochsentourler* orientieren sich hingegen überdurchschnittlich an den Interessen ihrer Partei. Dies entspricht insofern den Erwartungen, als die *Jungen Karrieristen* sich stark an der nationalen Partei orientieren bei ihrer Ämterwahl und in ihrer Karriere. Auch von Parlamentariern, welche auf eine langjährige Parteilaufbahn zurückblicken, erwarten wir eine stärker an der Partei orientierte Einstellung als etwa von *Seiteneinsteigern*.

Tabelle 15: Abstimmungsverhalten bei Konflikten zwischen Partei und Wählern

Cluster	Entsprechend Parteimeinung abstimmen		Entsprechend Wählermeinung abstimmen		Total	
Seiteneinsteiger	5	(50%)	5	(50%)	10	(100%)
Ostdeutsche	8	(50%)	8	(50%)	16	(100%)
Local Heroes	13	(50%)	13	(50%)	26	(100%)
Junge Karrieristen	18	(69%)	8	(31%)	26	(100%)
Parteiochsentour	11	(65%)	6	(35%)	17	(100%)
Normalos	23	(55%)	19	(45%)	42	(100%)
Total	78	(57%)	59	(43%)	137	(100%)

Tabellen 14 und *15* geben einen Überblick über die erste der eingeführten Dimensionen des Repräsentationsverständnisses. Um die zweite Dimension, den Repräsentationsstil eines „Trustee" und eines „Delegate", nach Karrieretyp zu untersuchen, berücksichtigen wir außerdem, wie Abgeordnete im Fall eines Konflikts zwischen der eigenen Meinung und jener ihrer Wähler respektive ihrer Partei handeln würden. Als eigenständig Bevollmächtigter müsste ein Parlamentarier eher seiner eigenen Meinung folgen, als Beauftragter hingegen müsste er im Sinn seiner Wähler oder seiner Partei handeln.

Bezüglich der Frage nach dem Repräsentationsstil als eigenständig Bevollmächtigter oder als Beauftragter der Partei ergibt sich ein nach Karrieretyp etwas differenzierteres Bild (siehe *Tabelle 16*). Die *Seiteneinsteiger* sind am ehesten gewillt, der Parteimeinung zu folgen, vor den Parlamentariern, welche die *Ochsentour* absolviert haben. Das erste Resultat ist etwas erstaunlich, schließlich erwarten wir in dieser Kategorie den größten Anteil an Abgeordneten mit einem eigenständigen Expertenwissen. Es wäre zu vermuten, dass sie eher ihrer eigenen Expertenmeinung folgen als jener der Partei. Andererseits wissen die *Seiteneinsteiger*, welche mehrheitlich über die Parteilisten gewählt wurden, dass sie ihre politische Karriere vor allem der Partei zu verdanken haben und deshalb möglicherweise Konflikte mit ihr vermeiden. Das zweite Resultat hingegen, die Parteiorientierung der *Ochsentourler*, entspricht den Erwartungen. Als einziger Karrieretyp handeln die *Ostdeutschen* ausnahmslos im Sinn ihrer eigenen Meinung. Diese Ergebnisse deuten mehrheitlich in die Richtung, dass *Seiteneinsteiger* recht parteitreu orientiert sind, jedoch ist zu beachten, dass diese Ergebnisse auf kleinen Fallzahlen beruhen.

Tabelle 16: Abstimmungsverhalten bei Konflikten zwischen der eigenen Meinung und der Partei

Cluster	Entsprechend eigener Meinung abstimmen („Eigenständig Beauftragter")		Entsprechend Parteimeinung abstimmen („Delegierter")		Total	
Seiteneinsteiger	10	(77%)	3	(23%)	13	(100%)
Ostdeutsche	15	(100%)	0	(0%)	15	(100%)
Local Heroes	27	(84%)	5	(16%)	32	(100%)
Junge Karrieristen	24	(80%)	6	(20%)	30	(100%)
Parteiochsentour	18	(78%)	5	(22%)	23	(100%)
Normalos	45	(82%)	10	(18%)	55	(100%)
Total	139	(83%)	29	(17%)	168	(100%)

Inwieweit sich dieses Repräsentationsverständnis auch in entsprechende Handlungen übersetzt, wird im übernächsten Abschnitt vertieft, in dem das tatsächliche Abstimmungsverhalten untersucht wird.

Einstellungen und Ideologien

Im folgenden Abschnitt untersuchen wir, ob *Seiteneinsteiger* in ihren Einstellungen zur Nominierung, zu ihrer Fraktion und zur Demokratie im Allgemeinen von ihren Kollegen abweichen. Wir erwarten, dass sie sich – aufgrund ihrer abweichenden beruflichen Sozialisation – nicht nur in ihrem Repräsentationsverständnis, sondern auch in ihren Einstellungen zum Weg in die Politik sowie zum politischen System unterscheiden.

Ein bedeutender Strang in den Sozialwissenschaften geht davon aus, dass die Zugehörigkeit zu sozialen Gruppen einen Einfluss auf soziale Einstellungen hat (Simmel, 1908). Sowohl im Beruf vor ihrer Mandatszeit als auch im Parlament werden Parlamentarier unterschiedlichen Themen, Ansichten und neuen Informationsquellen ausgesetzt, die zu einer Veränderung ihrer Ansichten führen können (Kerr, 1973; Wüst, 2009). Eindeutige Sozialisationseffekte – z. B. europäische Einstellungen bei Europaparlamentariern – konnten bisher allerdings nur in geringem Umfang (Scarrow, 1997) oder gar nicht (Scully, 2005) ausgemacht werden. Für Deutschland konnte in einer Befragung von Parlamentariern zu Beginn und im Verlauf ihrer Zeit im Bundestag immerhin festgestellt werden, dass

Einstellungen von Abgeordneten über Zeit Veränderungen unterliegen (Badura & Reese, 1976; Wüst, 2009): Parlamentarier werden in der Tendenz konservativer, bürgerferner und parteilinientreuer (Wüst, 2009). Betrachten wir den Weg in die Politik und damit den Nominierungsprozess als zentralen Faktor, so sehen wir in den Umfrageergebnissen in *Tabelle 17*, dass 93 Prozent der antwortenden Parlamentarier ihre Sachkompetenz als sehr wichtigen Grund für ihre Nominierung nennen. Die *Seiteneinsteiger* stimmen dieser Aussage auch zu 93 Prozent zu, also im selben Ausmaß wie der Durchschnitt. Neben der Sachkompetenz ist die Arbeit innerhalb der Partei und im Wahlkreis einer der Faktoren, die zu einer Nomination führen. 72 Prozent der Parlamentarier halten die Leistung in der Partei für einen wichtigen oder sehr wichtigen Nominierung. Ihrem Karriereweg entsprechend stimmen nur knapp zwei Drittel der *Seiteneinsteiger* dieser Aussage zu, während überdurchschnittlich viele *Junge Karristen* (81 Prozent) gerade ihre Parteileistung als wichtig empfinden. Im Unterschied dazu stufen Parlamentarier die Arbeit im Wahlkreis im Hinblick auf eine Nominierung als etwas weniger wichtig ein – nur 65 Prozent der Abgeordneten erachten diese als sehr wichtig oder wichtig. Erwartungsgemäß liegen die *Seiteneinsteiger* und die *Jungen Karristen* mit je rund 50 Prozent deutlich unter diesem Schnitt, während die *Local Heroes* mit dem hohen Wert von 82 Prozent und die *Parteiochsentourler* mit 71 Prozent bestätigen, dass ihr Wahlerfolg auf einer engen Beziehung mit den Wählern beruht.

Tabelle 17: Zentrale Faktoren bei der Nominierung

	Wichtig für die Nominierung: Sachkompetenz	Wichtig für die Nominierung: Parteiarbeit	Wichtig für die Nominierung: Wahlkreisarbeit
Seiteneinsteiger	13 (93%)	9 (64%)	7 (54%)
Ostdeutsche	17 (85%)	15 (83%)	12 (71%)
Local Heroes	30 (88%)	26 (76%)	28 (82%)
Junge Karrierist.	33 (87%)	30 (81%)	19 (51%)
Parteiochsentour	23 (96%)	17 (71%)	17 (71%)
Normalos	49 (86%)	35 (63%)	32 (60%)
Total	13 (93%)	132 (72%)	115 (65%)

Nachfolgend untersuchen wir, welche Einstellung zur Demokratie und zur Fraktion *Seiteneinsteiger* an den Tag legen. Man könnte annehmen, dass ihre Einstellung von Parlamentariern abweicht, deren Karriereweg fast vollständig in öffentlichen und parteilichen Gremien verlief. Tatsächlich stimmt die Hälfte von ihnen im Gegensatz zu durchschnittlich 43 Prozent der Aussage zu, dass die Demokratie grundlegende Reformen bräuchte. Deutlich geringer ist die Zustimmung zu dieser Aussage bei den *Jungen Karrieristen* (35 Prozent) und den *Normalos* (40 Prozent), die sich mit dem System offensichtlich gut arrangiert haben.

Eine im Vergleich mit ihren Kollegen etwas offenere, bürgerorientierte und der Transparenz zugeneigte Position nehmen die *Seiteneinsteiger* bei Fragen zur Parlamentsreform ein, wie *Tabelle 18* zeigt. So sind sie eher als andere der Meinung, dass Parlamentarier von Bürgerversammlungen beraten werden sollten (43 Prozent im Gegensatz zu durchschnittlich 33 Prozent der Parlamentarier). Entsprechend stimmen nur 31 Prozent der *Seiteneinsteiger* der Aussage zu, dass Bürger ausreichend an politischen Entscheidungen teilnehmen können, dies bei durchschnittlich 49 Prozent der Parlamentarier. Insbesondere die *Local Heroes* und die *Parteiochsentourler* mit je rund 60 Prozent Zustimmung scheinen keine Notwendigkeit für stärkere Bürgerbeteiligung zu sehen. Kritischer beurteilen *Seiteneinsteiger* auch die Einwirkung auf den Gesetzgebungsprozess durch einige wenige politische Akteure: Zu 46 Prozent stimmen sie der Aussage zu, dass der Gesetzgebungsprozess zu stark vom Einfluss einiger Weniger abhängt, wohingegen nur 31 Prozent aller Abgeordneten dieser Meinung zustimmen. Die *Local Heroes* sind sogar nur zu 21 Prozent dieser Meinung.

Tabelle 18: Zustimmung zu Transparenz und Demokratie

	„Parlamente sollen die Möglichkeit haben, sich durch repräsentative Bürgerversammlungen beraten zu lassen"	„Die Bürger/-innen haben genug Möglichkeiten, an politischen Entscheidungen mitzuwirken"	„Gesetzgebung hängt zu sehr von den Interessen Weniger ab"
Seiteneinsteiger	6 (43%)	4 (31%)	6 (46%)
Ostdeutsche	8 (42%)	8 (40%)	7 (35%)
Local Heroes	6 (18%)	21 (62%)	7 (21%)
Junge Karrieristen	14 (39%)	13 (36%)	11 (31%)
Parteiochsentour	5 (21%)	14 (58%)	7 (30%)
Normalos	20 (36%)	29 (52%)	17 (31%)
Total	59 (33%)	89 (49%)	55 (31%)

Innerhalb der Partei und der Fraktion scheinen die *Seiteneinsteiger* gut mit der Parteiführung und den Führungsstrukturen zurechtzukommen, was nicht erstaunt, da sie diesen ihre Karriere verdanken. Während immerhin 51 Prozent der *Jungen Karrieristen* der Aussage zustimmen, dass in der Partei die Entscheidungen zu sehr von oben nach unten gefällt werden – vielleicht weil sie sich zum Teil in ihrem Aufstieg behindert sehen –, tun dies nur 23 Prozent der *Seiteneinsteiger*, während der Gesamtdurchschnitt der Parlamentarier bei etwas mehr als einem Drittel liegt (*Tabelle 19*). Deutlich geringer als in der Grundgesamtheit ist auch die Zustimmung der *Seiteneinsteiger* zur Aussage, dass der Parteivorsitzende zu mächtig sei. Im Gegensatz dazu sind die entsprechenden 33 Prozent Zustimmung der *Parteiochsentourler* vielleicht darauf zurückzuführen, dass sie schon häufiger an Grenzen innerhalb der Partei stießen. Etwas distanzierter als zum Parteivorsitzenden scheinen sich die *Seiteneinsteiger* zu den Parteimitgliedern einzuordnen: Nur 46 Prozent im Vergleich zu 60 Prozent aller Parlamentarier sind für eine Beteiligung aller Parteimitglieder an der Kandidatenauswahl. Vielleicht befürchten sie, dass ihre geringere Verwurzelung in der Partei ihnen in einem solchen Auswahlprozess schaden könnte.

Tabelle 19: Zustimmung zu Meinungen zu innerparteilichen Strukturen

	„Entscheidungen in meiner Partei fallen zu sehr von oben nach unten, die Parteibasis kann sich kaum Gehör verschaffen"	„Der/Die Vorsitzende(n) meiner Partei sind zu mächtig"	„Alle Parteimitglieder sollen an der Auswahl der Wahlkreis- und Listenkandidaten direkt beteiligt sein"
Seiteneinsteiger	3 (23%)	1 (8%)	6 (46%)
Ostdeutsche	7 (35%)	3 (15%)	15 (75%)
Local Heroes	9 (27%)	5 (15%)	21 (62%)
Junge Karrieristen	18 (51%)	7 (20%)	19 (56%)
Parteiochsentour	11 (46%)	8 (33%)	13 (54%)
Normalos	18 (32%)	8 (14%)	35 (62%)
Total	66 (36%)	32 (18%)	109 (60%)

Betrachtet man die ideologische Positionierung der *Seiteneinsteiger* auf einer Links-Rechts-Skala im Verhältnis zu ihrer Partei, so sehen wir in *Tabelle 20*, dass sich *Seiteneinsteiger* in ideologischer Hinsicht generell nicht weit entfernt von ihrer Partei positionieren. Mittels einer Links-Rechts-Skala (zwischen 0 und

10) ermittelten wir den Abstand der Selbsteinschätzung der Parlamentarier zu dem Wert, wo sie ihre Partei einschätzen. Dieser Abstand zwischen Selbsteinschätzung und Fraktionspositionierung gilt als Maß für die ideologische Distanz der Parlamentarier.

Tabelle 20: Durchschnittliche Abweichung der Parlamentarier von ihrer Partei auf einer Links-Rechts-Skala

	Mittelwert	Standardabweichung	Häufigkeit
Seiteneinsteiger	0,93	1,27	14
Ostdeutsche	1	0,88	19
Local Heroes	0,50	0,62	32
Junge Karrieristen	0,58	0,65	36
Parteiochsentour	1	0,95	21
Normalos	0,87	0,91	52
Total	0,78	0,86	174

Die durchschnittliche ideologische Abweichung der Parlamentarier von ihrer Partei ist unter einem Punkt (0,78). Die *Seiteneinsteiger* weichen mit 0,93 etwas mehr vom Durchschnittswert ab. Auch ist die Varianz gemessen am Maß der Standardabweichung hier am höchsten, was bedeutet, dass einige sehr stark und einige überhaupt nicht von ihrer Fraktion abweichen. Die geringste ideologische Abweichung von ihrer Fraktionsführung zeigen die *Local Heroes* mit einem Wert von 0,5.

Ob sich diese ideologischen Distanzen auch im tatsächlichen Abstimmungsverhalten abzeichnen, sehen wir im nächsten Abschnitt.

Parlamentarisches Abstimmungsverhalten

Mit Blick auf das parlamentarische Abstimmungsverhalten stellt sich die Frage, ob Faktoren wie lokale Verbundenheit, Sozialisierung in der Partei und Karriereambitionen nach Eintritt in den Bundestag das Abstimmungsverhalten der Abgeordneten beeinflussen. Konkret untersuchten wir, ob bestimmte Karrieretypen eher als andere dazu neigen, von der Fraktionslinie abzuweichen.

Wie die meisten westeuropäischen Parlamente weist auch der Bundestag ein sehr einheitliches Stimmverhalten der Fraktionen auf (Sieberer, 2006). Der Sinn und Zweck der Fraktionen besteht darin, das Handeln ihrer Mitglieder zu koordinieren und unter anderem ein einheitliches Abstimmungsverhalten zu gewährleisten (Heidar & Koole, 2000). Diese Funktion legitimiert auch die relative Macht der Fraktion über ihre Mitglieder, indem sie es überhaupt erst ermöglicht, Gesetze durch einheitliches Abstimmen zu verabschieden und somit die Wahlkampfversprechen gegenüber der Wählerschaft einzulösen (Cox & McCubbins, 1994). Dennoch sind in namentlichen Abstimmungen immer wieder einzelne Abweichungen von der Fraktionslinie zu beobachten.

Bisherige Erklärungen der Tendenz eines Parlamentariers, gegen die Fraktionslinie zu stimmen, betonen in erster Linie institutionelle Faktoren, insbesondere den Wahlmodus des Abgeordneten (Carey, 2007). Dabei wird den Parlamentariern, welche über eine Parteiliste in den Bundestag gewählt wurden, ein parteikonformeres Verhalten zugeschrieben (Sieberer, 2010). Weitere Erklärungen stützen sich auf die unterschiedlichen Anreizstrukturen, welche sich aus dem Selektionsverfahren der Parteiorganisationen ableiten lassen (Carey & Shugart, 1995). Je exklusiver und zentralisierter das Selektionsverfahren, so die Annahme, desto stärker ist die Bindung eines Parlamentariers gegenüber der nationalen Parteiorganisation (Lundell, 2004). Diese Bindung sollte sich in fraktionskonformerem Abstimmungsverhalten äußern (Depauw & Martin, 2009). Solche institutionellen Erklärungen sind zwar durch ihre Sparsamkeit und breite Anwendbarkeit sehr attraktiv, aber sie haben sich im deutschen Kontext als wenig ergiebig erwiesen, da es widersprüchliche Befunde gibt, ob Direktkandidaten häufiger abweichen oder nicht.

Generell gilt: Dem Entscheid, gegen die Fraktion zu stimmen, muss ein Konflikt vorgelagert sein. Gemäß Pitkin (1967) liegt der klassische Konflikt der Repräsentation im Zwiespalt zwischen der Vertretung nationaler und der Vertretung lokaler Interessen. Demnach müssten Abgeordnete mit starken lokalen Bindungen wie die *Local Heroes* besonders geneigt sein, bei Konflikten von der Fraktionslinie abzuweichen. Wie aus *Tabelle 21* ersichtlich, weichen diese tatsächlich durchschnittlich 1,27 Mal ab, während die Gesamtheit der Abgeordneten nur 1,1 Mal abweicht. Dies lässt sich zum einen dadurch erklären, dass *Local Heroes* aufgrund ihrer langjährigen Erfahrung in öffentlichen Ämtern auf lokaler Ebene über besondere Kenntnisse der lokalen Bedürfnisse verfügen. Zum anderen sind diese Abgeordneten für ihre Wiederwahl stark von der Wählerschaft abhängig, da die Mehrheit von ihnen ein Direktmandat innehat. Dies unterstreicht die Bindung zur lokalen Wählerschaft.

Tabelle 21: Durchschnittliche Anzahl Abweichungen bei 162 namentlichen Abstimmungen (Stand Dezember 2012) der laufenden 17. Wahlperiode nach Karrieretyp[20]

Cluster	Durchschnittliche Anzahl Abweichungen pro MdB	Standardabweichung der durchschnittlichen Anzahl Abweichungen pro MdB
Seiteneinsteiger	0,84	1,72
Ostdeutsche	1,14	2,12
Local Heroes	1,27	3,12
Junge Karrieristen	0,86	1,97
Parteiochsentour	1,15	2,51
Normalos	1,29	2,89
Total	1,10	2,49

Von *Seiteneinsteigern* erwarten wir, dass sie seltener abweichen, weil sie weniger lokale Bindungen haben. Da sie vor ihrer Zeit im Bundestag kaum öffentliche oder parteipolitische Ämter auf lokaler Ebene innehatten, ist anzunehmen, dass sie seltener mit einem Konflikt zwischen nationalen und lokalen Interessen konfrontiert sind und somit seltener nicht mit der Fraktionslinie übereinstimmen. In der Tat weichen *Seiteneinsteiger* mit einem Durchschnittswert von 0,84 weniger als andere Karrieretypen von der Fraktionslinie ab. Dies lässt sich zweifach erklären: durch den fehlenden Bezug zu lokalen Interessen und durch den Wahlmodus der *Seiteneinsteiger*, die zu fast 80 Prozent über die Parteilisten gewählt wurden, wodurch dieser Abgeordnetentyp stärker von der Parteiführung abhängig ist. Anhand der vergleichsweise niedrigen Standardabweichung lässt sich auch die große Homogenität der *Seiteneinsteiger* im Abstimmungsverhalten erklären. Ähnlich wie *Junge Karrieristen* weichen *Seiteneinsteiger* seltener ab als ihre Kollegen.

Ähnlich wie die *Seiteneinsteiger* weisen auch die *Jungen Karrieristen* eine geringere Tendenz auf, bei namentlichen Abstimmungen von der Fraktionslinie abzuweichen. Diese Politiker streben schon in einem relativ jungen Alter eine Karriere auf nationaler Ebene an, was bereits darauf hinweist, dass ihr Interesse der nationalen Politikgestaltung und weniger lokalen Partikularinteressen gilt. Fraktionskonformes Verhalten ist zudem dem weiteren Karriereverlauf zuträglich. Eine der wichtigsten Ressourcen der Fraktion zur Kontrolle ihrer Mitglieder ist die Kompetenz, weitere attraktive Ämter im Parlament unter ihnen zu verteilen; dies gilt besonders im Fall von Regierungsfraktionen (Bowler, Farrell, & Katz,

---

20 Die namentlichen Abstimmungsdaten wurden für diese Untersuchung von der Website des Deutschen Bundestags ausgelesen.

1999). Wie bereits weiter oben ausgeführt, entscheiden die Fraktionen auch über die Zuteilung der Mitglieder in die Ausschüsse, worunter einige prestigereicher sind als andere. Ganz abgesehen von Karriereambitionen innerhalb des Bundestags hängt auch die Wiederwahl der *Jungen Karrieristen* entscheidend von ihrer Positionierung auf der Parteiliste ab, da über 60 Prozent von ihnen über diesen Wahlmodus in den Bundestag gelangt sind. Wie erwartet wirken sich all diese Faktoren positiv auf fraktionskonformes Handeln aus.

Wie aus *Tabelle 21* hervorgeht, weichen die *Parteiochsentourler* mit durchschnittlich 1,15 Mal durchschnittlich oft von der Fraktionslinie ab. Die leicht höhere Abweichungsrate des *Parteiochsentour*-Karrieretyps lässt sich durch sein langjähriges parteipolitisches Engagement auf lokaler Ebene und seine Kenntnisse bezüglich lokaler Interessen erklären. Zusätzlich ist er vielleicht so gut in der lokalen und regionalen Partei verankert, dass er keine Repressionen durch Parteidisziplin auf nationaler Fraktionsebene befürchtet. Da dieser Karrieretyp überdurchschnittlich häufig durch die Erststimme in den Bundestag gelangt, spricht dies auch für eine stärkere Rechenschaftspflicht gegenüber dem Wahlkreis.

Die mit Abstand höchsten durchschnittlichen Abweichungsraten finden sich nebst den erwarteten *Local Heroes* auch bei den *Normalos*. Wir erwarten von den *Local Heroes*, dass Konflikte zwischen lokalen/regionalen und nationalen Interessen am ehesten eine Wirkung zeigen, etwa durch abweichendes Abstimmungsverhalten. Bei den *Local Heroes* (mit einer durchschnittlichen Abweichung von 1,27 und einer Standardabweichung von 3,12) und den *Normalos* (durchschnittliche Abweichung von 1,29 mit Standardabweichung von 2,89) weisen die hohen Standardabweichungen darauf hin, dass in dieser Gruppe Vertreter mit sehr häufigen wie auch sehr wenigen Abweichungen zu finden sind.

Abschließend kann festgestellt werden, dass die Unterscheidung der Bundestagsabgeordneten nach Karrierewegen einen wertvollen Beitrag zur Erklärung von parlamentarischem Abstimmungsverhalten leistet. Ergänzend zu den institutionellen Erklärungen erlaubt es diese Typologie, individuelle Karriereambitionen und den Fokus der Abgeordneten auf nationale respektive lokale Interessen zu berücksichtigen. Die Unterschiede in den Verhaltensweisen sind zwar nicht sehr groß, doch sie entsprechen zum größten Teil den Erwartungen. Aus formaler Sicht ist allerdings zu berücksichtigen, dass sich die bisherigen Auswertungen lediglich auf 162 Abstimmungen beziehen, da es sich um die noch laufende Legislaturperiode handelt und nicht alle Voten im Bundestag mit namentlicher Erfassung durchgeführt werden.

Fazit

In diesem Kapitel untersuchten wir die weiteren Karrierewege sowie Ausschusssitze, Einstellungen und Abstimmungsverhalten der Parlamentarier des 17. Bundestags. Mittels deskriptiver Analysen verschiedener Datensätze gelangen wir zu folgenden Befunden:

1. *Seiteneinsteiger* sind weniger erfolgreich im Erreichen von Ämtern als ihre Kollegen, die schon über längere politische Karrieren verfügen.
2. *Seiteneinsteiger* sind zwar weniger stark in wahlkreisorientierten Ausschüssen, jedoch durchschnittlich oft in den wichtigen Ausschüssen des Bundestags vertreten.
3. In ihrem Repräsentationsverständnis orientieren sich *Seiteneinsteiger* zwar eher an allen Bürgern als den Wählern im Wahlkreis, aber sie sind auch bereit, Parteiinteressen zu berücksichtigen.
4. *Seiteneinsteiger* besitzen zwar ein durchaus bürgernahes Verständnis von Demokratie und sind für die Miteinbeziehung der Bürger in die Politik, aber sie akzeptieren zu großen Teilen innerparteiliche Führungsstrukturen, von denen sie in ihrer Karriere profitieren konnten. Entsprechend weichen sie auf einer Links-Rechts-Skala ideologisch auch nicht von der allgemeinen Parteiposition ab.
5. Dies spiegelt sich auch in ihrem Abstimmungsverhalten, das eher parteikonform ist als das anderer Karrieretypen, etwa den *Local Heroes*.

Daraus lässt sich folgern, dass *Seiteneinsteiger* sorgfältig ausgewählte Parlamentarier sind, die der Fraktion nützen, indem sie Expertise in die Ausschüsse einbringen. Ihr ungewöhnlicher Karriereweg führt dazu, dass sie für mehr Transparenz und Bürgernähe plädieren. Gleichzeitig sind sie aber linientreu und verursachen innerhalb der Fraktion keine Probleme durch abweichendes Abstimmungsverhalten. Ihren kürzeren politischen Karriereweg bezahlen sie mit dem Preis einer geringeren Chance, höhere Ämter in Bundestag und Fraktion zu erlangen.

Karriereweg und Arbeitsweise von *Seiteneinsteigern* im Bundestag: Interviews mit Parlamentariern, Fraktionsführungen und Parlamentsexperten

Einleitung

In den vorangegangenen zwei Kapiteln haben wir mittels biografischer Daten untersucht, wie sich *Seiteneinsteiger* in ihrem Karriereweg von anderen Parlamentariern unterscheiden, wie ihr Karriereverlauf nach Aufnahme eines Bundestagsmandats innerhalb der Fraktion verläuft, in welchen Ausschüssen sie arbeiten, und in welchem Ausmaß sie in ihren Ansichten und in ihrem Abstimmungsverhalten von der Fraktion abweichen.

Mit den *Seiteneinsteigern* konnten wir einen Karrieretypus identifizieren, der deutlich später in eine Partei eintritt sowie öffentliche und parteigebundene Ämter aufnimmt und auch später in seiner Karriere ein Mandat antritt. In ihrem Karriereverlauf in der Fraktion unterscheiden sich *Seiteneinsteiger* deutlich von ihren Kollegen, indem sie seltener höhere Ämter auf Fraktionsebene und im Parlament erhalten. Keine Unterschiede zeigen sich bei der Verteilung der Ausschussmitgliedschaften, da *Seiteneinsteiger* in wichtigen Ausschüssen ähnlich gut wie andere Bundestagsmitglieder vertreten sind. In ihren Ansichten unterscheiden sich *Seiteneinsteiger* von ihren Kollegen, da sie tendenziell einen partizipatorischen Demokratietyp unterstützen. Auf die Fraktionsarbeit bezogen weichen sie jedoch in ihren Einstellungen (etwa auf der Links-Rechts-Achse) kaum von ihrer Fraktion ab; außerdem demonstrieren sie ein sehr fraktionstreues Abstimmungsverhalten im Plenum.

Während wir mittels quantitativer Datenanalysen wertvolles Wissen zum Karriereweg und zu der Arbeit im Bundestag gewonnen haben, vertiefen wir im Folgenden unsere Kenntnis der *Seiteneinsteiger* durch eine direkte Befragung in Interviews. Zu diesem Zweck haben wir insgesamt 24 der 57 identifizierten *Seiteneinsteiger* zu ihrer Rolle und Arbeit als Mandatsträger befragt. Ihre Aussagen kontrastieren wir mit Aussagen von zwölf *Ochsentourlern*, der Parlamentariergruppe am anderen Ende des Karrieretypen-Spektrums, die sich durch einen langen Weg durch die Parteigremien auszeichnet. Wir ergänzen diese mit Aussagen von sieben Vertretern der Fraktionsführungen aller Bundestagsfraktionen, zwei Vertretern der Bundestagsverwaltung und mit Ansichten von sieben Wissenschaftlern und Experten, die alle schon zu Parlamentariern und Fraktionen im Bundestag publizierten[21]. Alle Interviewgruppen wurden im Rahmen eines semi-strukturierten Interviews mit offenen und geschlossenen Fragen zur Einschätzung der Arbeit der *Seiteneinsteiger* im Bundestag befragt. Damit wollten wir ein möglichst umfassendes und differenziertes Bild des Karrieretyps der *Seiteneinsteiger* erhalten. Da alle Interviewpartner, so auch die *Seiteneinsteiger*, ein notwendigerweise subjektives Bild über ihre Erfahrungen und Einstellungen haben, ist eine Befragungsmethode, in der Fremd- und Eigeneinschätzung von *Seiteneinsteigern* und Kollegen, Vorsitzenden und Experten gegenübergestellt werden können, der bevorzugte Weg, um der Realität am nächsten zu kommen.

Nachfolgend stellen wir die Ergebnisse dieser qualitativen Interviews vor und beziehen uns dabei auch auf die Resultate der vorhergehenden Kapitel. Aufbauend auf der bisherigen Literatur und unseren Schlussfolgerungen stellen wir dar, mit welchen Herausforderungen *Seiteneinsteiger* konfrontiert sind, wie sie mit ihnen umgehen und welche Ratschläge sie Kollegen in einer ähnlichen Position geben würden. Nach einer Einführung über die Bedeutung der *Seiteneinsteiger* stellen wir die Motivation der *Seiteneinsteiger* dar, nach einer beruflichen Karriere eine politische Karriere aufzunehmen. Ergänzt wird dies durch die Darlegungen von Experten und Fraktionsführungen zum Wert der *Seiteneinsteiger*.

Daraufhin widmen wir uns vertieft den verschiedenen Herausforderungen der *Seiteneinsteiger* in der Ausübung ihres Mandats im Plenum, in Ausschüssen, in der Fraktion, und im Kontakt mit Wählern und der Presse. Wir legen zudem dar, inwiefern sich die Einstellungen der *Seiteneinsteiger* von jenen ihrer Kollegen unterscheiden, und diskutieren die Frage ihrer lokalen Absicherung. Da diese Studie auch einen explorativen Charakter hat, zumal bisher wenig zur Rolle der *Seiteneinsteiger* publiziert wurde, lassen wir den Aussagen unserer Interviewpartner viel Raum. Die Studie wird mit einer Zusammenstellung verschiedener Ratschläge an die *Seiteneinsteiger* abgerundet und endet mit einer Zusammenfassung und einem Ausblick.

---

21 Um eine möglichst große Offenheit zu gewährleisten, sicherten wir unseren Interviewpartnern Anonymität zu.

Bewertung der Bedeutung der *Seiteneinsteiger*

Um die Erwartungen an *Seiteneinsteiger* sowie ihre möglichen Probleme einschätzen zu können und zu vergleichen, ob diese mit den bisherigen Aussagen in der Literatur übereinstimmen, befragten wir die Fraktionsvorstände und außenstehenden Experten zu den Vor- und Nachteilen von *Seiteneinsteigern*. Um eine zusätzliche Einschätzung zum Ausmaß der Seiteneinsteiger zu gewinnen, ließen wir die Interviewpartner auch schätzen, wie groß der Seiteneinsteigeranteil im derzeitigen Bundestag wohl sei. Zudem erfragten wir, was ihre Meinung zur idealen Fraktionskomposition sei.

Auf die Frage an die sieben Fraktionschefs, die sieben Wissenschaftler und die zwei Mitglieder der Bundestagsverwaltung, was denn an *Seiteneinsteigern* vorteilhaft bzw. problematisch sei, erhalten wir das folgende Bild: Die Fraktionschefs werten in erster Linie positiv, dass *Seiteneinsteiger* wichtige Erfahrungen in die Fraktion einbringen (4 von 7, 57 Prozent). Sie schätzen außerdem den unabhängigen Blick und das unbefangene Denken der Quereinsteiger, deren Fachkenntnisse sowie die neuen Ideen und Kooperationen mit anderen Gesellschaftssektoren aus Privatwirtschaft oder Wissenschaft (je 2 von 7, 29 Prozent). Weitere Nennungen beinhalten die Erweiterung des Wählerspektrums (3 von 7, 43 Prozent), Innovation und Impulse sowie eine höhere Authentizität.

Fachkenntnis, berufliche Erfahrungen; sehr stark innovatives Potential, wegen fehlender politischer Sozialisation bringen sie neue Ideen ein, die zwar nicht immer mehrheitsfähig sind, aber wichtige Impulse geben. (Praktisch identische Aussage von zwei Vertretern verschiedener Fraktionsführungen)

Mehr gesunder Menschenverstand, nicht nur in juristischen, politischen Kategorien denkend. (Fraktionsführung)

[Seiteneinsteiger sind] angenehmer im Umgang, weil sie noch nicht übermäßig taktisch sind und undurchschaubar handeln, sie sind also authentischer; besseres Gefühl für das Land, die Menschen, die Probleme; ich bin da auch ein Beispiel: wirklich souverän bin ich erst geworden, als ich nach ein paar Jahren im Bundestag einige Jahre als Anwalt arbeitete. (Fraktionsführung)

Es sind auch Experten, die das, was sie bisher gemacht haben, nun aus einem anderen Blickwinkel machen. (Fraktionsführung)

Seiteneinsteiger selbst sehen dies ähnlich:

Als Quereinsteiger ist man näher an den Problemen der Wähler. Als Anwalt bekommt man in ähnlicher Art und Weise Probleme geschildert, daher besitzt man auch ohne vorherige Parteiämter und Mandate Erfahrung und Routine. (Seiteneinsteiger)

Es ist wichtig, dass Kandidaten vor einem Bundestagsmandat Lebenswirklichkeit erfahren. Wenn keine Berufserfahrung da ist, ist dies ein Manko. (Seiteneinsteiger)

Quereinsteiger zu sein hat Vor- und Nachteile, Vorteile überwiegen, Vorteile: man hat ein hohes Maß an (innerer) Unabhängigkeit, da man ein zweites Standbein hat, dadurch auch mehr Erfahrung, ist authentischer. (Seiteneinsteiger)

Der Vorteil als Seiteneinsteiger ist, dass man sich nicht gleich an die Regularien hält, wo andere sagen ‚das haben wir immer so gemacht', man tritt also ‚frisch und frech' auf. Das gibt gewisse Freiräume, die man da ergreifen kann, was andere aus Ängstlichkeit nicht tun. Ochsentourler haben Tricks und Kniffe besser drauf; ich lerne jeden Tag dazu und führe viele Gespräche mit erfahrenen Kollegen; es ist günstig, wenn man Erfahrungswissen in bestimmten Themen von früheren Legislaturperioden hat. (Seiteneinsteiger)

Ich sehe große Unterschiede in der Expertise; als Seiteneinsteiger hat man Detaileinsicht in das reale Leben; der Bundestag ist ein Raumschiff, das ist nicht die reale Welt, das ist hier alles irreal und virtuell; es ist schon krass und unverantwortlich, wenn junge Menschen ihre berufliche Karriere im Bundestag beginnen, abgesichert durch Dauerlistenplatz und immer nur Politiker waren; mit diesem Gehalt und Status sein Leben zu beginnen, nachdem man nur eine ‚Scheinanwaltstätigkeit' als Anwalt nach dem Studium mit 28 begonnen hat, ist irrational; ich habe die „Ochsentour im wirklichen Leben" gemacht, die kann man als Berufspolitiker nicht nachempfinden. (Seiteneinsteiger)

Als hauptsächlichen Nachteil von *Seiteneinsteigern* identifizieren vor allem Parlamentsexperten und Fraktionsführungen die fehlende Kenntnis der Spielregeln des parlamentarischen Systems und der Fraktionen:

Mangelnde Erfahrung mit den Spielregeln und der Eigenlogik der Politik und eine dadurch relativ hohe Chance des Scheiterns, wie auch die Vergangenheit zeigt. (Parlamentsexperte)

Mängel in der Rekrutierung sollten behoben werden, nicht, indem man sich externe ‚Manager aus Großunternehmen' holt. In den Bundestag gehören Politikprofis, keine ‚blauäugigen' Experten, die untergehen. Für Fachexpertise gibt es Expertengremien. Die Seitensteigeridee ist ‚Blödsinn'. (Parlamentsexperte)

[Seiteneinsteiger haben] Kommunikationsschwächen und eingeschränkte Fähigkeit, Mehrheiten zu organisieren; sie sind weniger stressresistent, weniger frustrationstolerant. (Fraktionsführung)

Ein idealer Politiker ist der, der bereits früh in die Partei eintritt, dort sozialisiert wird, dann berufliche Erfahrungen sammelt und schließlich in den Bundestag geht und damit über frühe und vielfältige Parteierfahrung verfügt. Die Ochsentourler haben maßgeblich dazu beigetragen, dass die BRD in den letzten Jahrzehnten von politischer Stabilität geprägt war. (Fraktionsführung)

Die Wissenschaftler ihrerseits sehen zudem eine Gefahr in der fehlenden politischen Sozialisation (3 von 7, 43 Prozent), der mangelnden politischen Macht und dem damit verbundenen drohenden politischen Scheitern (je 2 von 7, 29 Prozent). Fraktionsführungen erwähnen außerdem die Gefahr von Besserwisserei.

Die Einschätzungen der *Seiteneinsteiger* beziehen sich vor allem auf ihre berufliche Expertise und ihren ungetrübten Blick auf gesellschaftliche und politische Verhältnisse. Allerdings sehen sich die *Seiteneinsteiger* mit der großen Herausforderung konfrontiert, fehlende Kontakte und politische Erfahrung schnell aufholen zu müssen.

Insgesamt wird der Anteil der *Seiteneinsteiger* in den Fraktionen einhellig als nicht sehr groß – meistens zwischen 10 und 20 Prozent – beschrieben; außerdem legen die Parlamentsexperten dar, dass *Seiteneinsteiger* eher in den kleinen als in den großen Parteien zu finden sind. Dies bestätigt unsere quantitativ gewonnenen Ergebnisse, für die wir aufgrund der Lebensläufe den Anteil der *Seiteneinsteiger* in den verschiedenen Fraktionen ermittelt haben. Während die Bundestagsmitarbeiter eher davon ausgehen, dass der Anteil der *Seiteneinsteiger* in den letzten Jahren zurückgegangen ist, betonen manche Parlamentsexperten, dass besonders bei starken Sitzgewinnen nach Wahlerfolgen *Seiteneinsteiger* in bestimmten Parteien bessere Chancen haben, da Personal nachrekrutiert werden muss.

Unsere Frage, was denn die ideale Zusammensetzung einer Fraktion sei, wird sehr unterschiedlich beantwortet, wobei die generelle Tendenz am ehesten in Richtung einer gesunden Mischung von allen Typen geht. Kriterien sind dabei sicherlich Berufs- und Lebenserfahrung, Persönlichkeit sowie politische Erfahrung, die gerade auch bei den *Ochsentourlern* geschätzt wird:

Man kann eine ideale Zusammensetzung konstruieren. Ein gewisses Maß an Erfahrung ist allerdings unabdingbar, siehe als negatives Beispiel gerade die Piratenpartei in Berlin. Der eine oder andere Seiteneinsteiger kann nicht schaden, aber es sollte ein gewisses Maß nicht überschreiten, weil sonst die Arbeitsfähigkeit der Fraktion darunter leiden würde. Politische Erfahrung ist ein extrem wichtiges Kapital, das man braucht, um effektiv arbeiten zu können. (Parlamentsexperte)

Es braucht Leute mit Lebenserfahrung, aus verschiedensten Lebensbereichen, mit Verankerung in den Wahlkreisen, Vernetzungen auf jenen Feldern, wo Abgeordnete in Fraktion zu arbeiten haben. Auf der anderen Seite: Fraktionen stellen sich nie so zusammen, sondern ergeben sich eher zufällig aus dezentraler Nominierungspraxis und daraus, dass in großen und kleinen Parteien Karrierewege in die Fraktion sehr verschieden sind. Infolgedessen: Man kann sich zwar eine ideale Fraktion vorstellen, diese wird aber real nie so zusammenkommen. (Parlamentsexperte)

Im Durchschnitt ist jemand zwei Wahlperioden im Bundestag. Es gibt auch diejenigen, die länger drinnen sind, und man merkt den Unterschied zwischen Leuten, die eine Stippvisite machen, und denen, die Zusammenhänge relativ gut draufhaben. Die Tonangeber an der Spitze sind oftmals die mit einer langjährigen Erfahrung. In einer guten Mischung ist es immer wichtig, auch Leute zu haben, die Dinge mit einem anderen Blick sehen und frischen Wind bringen. Aber es darf nicht nur frischen Wind geben; daher ist eine Mischung wichtig! (Fraktionsführung)

Nach Möglichkeit eine Mischung aus allen Typen, breite Verankerung beruflicher Hintergründe, Lebenserfahrung in ‚normalen' Berufen ist wichtig. (Fraktionsführung)

Ein klarer Trend lässt sich unter Parlamentariern und Experten sowie bei den Fraktionsführungen nicht ausmachen. Ein einziger Experte fasst seine ideale Zusammensetzung in Zahlen:

60-70 Prozent mit langjähriger politischer Erfahrung, 10 Prozent Seiteneinsteiger. (Parlamentsexperte)

Eine Mischung aus verschiedenen Politikertypen – *Ochsentourler*, *Seiteneinsteiger* und andere Karrieretypen – wird gemeinhin als ideal für eine Fraktion angesehen. Die Möglichkeiten der Fraktionsführung, diese Zusammensetzung zu beeinflussen, sind jedoch sehr begrenzt.

Die Motivation für die Kandidatur und der Weg in den Bundestag

Warum entscheiden sich *Seiteneinsteiger* für eine politische Karriere? Da durch Analysen von Abstimmungsverhalten und Karrieredaten nicht die Motivation eines Kandidaten zu ermitteln ist, befragten wir die Seiteneinsteiger selbst zu ihrer Motivation für eine Kandidatur. Das Einbringen ihrer größeren Berufserfahrung und Expertise in die Politik ist für *Seiteneinsteiger* eine zentrale Motivation für ihre Kandidatur (20 von 24, 83 Prozent):

Ich wollte meine Fähigkeiten austesten, ob die aus meinem Berufsleben übertragbar sind auf das politische Leben. [ ] Und ich wollte meinen Horizont erweitern. (Seiteneinsteiger)

Handlungsprinzip: Meckern hilft nicht, man muss selbst tätig werden. (Seiteneinsteiger)

Die Mehrheit der *Seiteneinsteiger* (17 von 24, 71 Prozent) nennt als weiteren Grund für ihre Kandidatur die Anregung durch andere Politiker. Einer der Parlamentsforscher sieht die Möglichkeit, Bürger zu einer politischen Karriere zu ermutigen, allerdings recht skeptisch:

Ich frage mich, wie man im Berufsleben erfolgreiche Menschen motivieren sollte, in die Politik zu gehen. Denn es entstehen dabei sehr hohe persönliche Kosten; es kostet insbesondere sehr viel Kraft und Zeit. Zudem hat nach der politischen Karriere kaum einer noch denselben Partner wie am Anfang. Insofern weiß ich nicht, wie man das Ganze ändern könnte, um es für wirklich gute Seiteneinsteiger attraktiver zu machen, in die Politik zu gehen. (Parlamentsexperte)

Schwieriger als die Motivation sind die Hinderungsgründe für einen früheren Politikeinstieg zu ermitteln; am ehesten nennen die befragten *Seiteneinsteiger* berufliche Gründe (9 von 23, 39 Prozent). Unsere anderen Antwortoptionen – familiäre Gründe, mangelnde Netzwerke, mangelnder Wahlerfolg oder mangelndes Politikinteresse – wurden mehrheitlich verneint. Die *Seiteneinsteiger* scheinen überzeugt, dass es vor allem an ihrem eigenen Entschluss und ihrer beruflichen Abkömmlichkeit liegt, ob sie kandidieren oder nicht. Nachdem *Seiteneinsteiger* den Entschluss fassen, in der Politik tätig zu werden, sehen sie sich mit der Herausforderung des Nominierungsprozesses konfrontiert. Unsere Interviewergebnisse bestätigen die Resultate der bisherigen Forschung, wonach die Nominierung der Parlamentskandidaten vor allem auf lokaler und regionaler Ebene durchgeführt wird. Sowohl *Seiteneinsteiger* als auch Vertreter der typischen *Parteiochsentour* legen dar, dass Parteimitglieder und Parteioffizielle auf Gemeinde- und Landesebene viel wichtiger für ihre Nominierung für die Kandidatenliste sind als die Fraktions- oder Parteiführung auf nationaler Ebene. Bestätigt wird dies durch Aussagen der Parlamentsexperten, die den dezentralen deutschen Nominierungsprozess betonen. Der Einfluss der Fraktionsführung auf die Nominierung wird von allen Experten (zwei Bundestagsexperten sowie je sieben Wissenschaftler und Fraktionsführer) einhellig als gering angesehen:

> *Die Fraktionsführung hat so gut wie gar keinen Einfluss. Gegebenenfalls durch vorsichtige Diplomatie kann man Bewerber platzieren. Sonst gibt es keinen Einfluss. Das Vorschlagsrecht der lokalen Parteigremien ist ihr heiliges Gut. (Parlamentsexperte)*

> *Man darf niemals glauben, dass die Bundesführung darauf Einfluss hat, wen die Landeswahlparteitage auf der Landeswahlliste wo platzieren. Das Typische ist, dass jeder Versuch der Bundesführung, hier etwas zu beeinflussen, auf wütenden Widerstand trifft. (Parlamentsexperte)*

Alle sieben Befragten aus den Fraktionsführungen verneinen bei den vorgegebenen Antworten einen Einfluss. Grundsätzlich existierten bei der Nominierung auch kaum Unterschiede zwischen den Parteien. Dies erkläre sich über die dezentral ablaufende Listennominierung. Daher entscheiden bzw. beeinflussen vor allem die Landesverbände, Landesvorstände, Bezirke oder sogar Kreisverbände die Listenaufstellung.

> *Die Einflussnahme der Bundestagsfraktion bewirkt auf Landesebene eher das Gegenteil. Die Landesverbände agieren autonom. (Fraktionsführung)*

Zudem gebe es bei allen Parteien eine Vielzahl von Proporzregelungen (z. B. nach Regionen, Geschlecht, Religion):

> *Da die konkreten Nominierungen aber meist durch die Bezirke und nicht durch die Landesverbände vorgenommen werden, ist eine Einflussnahme*

selbst von der Führung der Landesebene begrenzt, dies beschränkt sich meist auf die Verteilung der Listenplätze auf die Bezirke. Typischerweise ist es zudem noch so, dass es eine Vielzahl von Proporzregelungen gibt bei der Aufstellung von Landeslisten, z. B. Regionalproporz oder Geschlechterproporz, bei der CSU sogar noch bezüglich der Religion. Insofern gibt es überhaupt keine Einflussnahme durch die Fraktionsführung, meines Wissens bei keiner Partei. (Parlamentsexperte)

Unter Fraktionsführungen und Parlamentsexperten umstritten ist die Frage, ob es im deutschen Parlamentssystem gezielte Anwerbungen von *Seiteneinsteigern* gibt. Während die zwei Experten aus dem Bundestag konkrete Beispiele für Anwerbungen nennen, z. B. jene von Walter Riester (SPD), widersprechen Fraktionsführer dieser Aussage größtenteils. Am ehesten komme es zu Anwerbungen auf lokaler Ebene:

Nein, auf keinen Fall werden Seiteneinsteiger angeworben! Die Türen sind offen für jeden, der bei [Parteiname] Politik machen will, aber nur weil jemand woanders einen Namen hat, garantiert ihm das noch kein Mandat. Dafür sind die demokratischen Strukturen zu stark. Anders als in den anderen Parteien: kein Listenvorschlag, jeder kämpft für sich selbst. Man braucht eine Botschaft, die von den Delegierten akzeptiert wird. (Fraktionsführung)

[Anwerbung?] Aber nicht auf der Ebene Landtag oder gar Bundestag. Auf der Ebene Kommunalparlamente passiert das öfter, dass man mal interessante Menschen in einer Gemeinde oder einem Landkreis anspricht, wenn diese gesellschaftspolitisch engagiert sind. (Fraktionsführung)

[Anwerbung?] Nein, weil Bundesführung potentiellen Seiteneinsteigern mangels Einflussnahmemöglichkeiten nichts (das heißt kein Mandat) anbieten kann; wäre anders, wenn man eine Bundesliste hätte. (Fraktionsführung)

Ein Beispiel für einen gescheiterten Rekrutierungsversuch auf nationaler Fraktionsebene stellt die folgende Aussage eines Fraktionsführungsmitglieds dar:

Ich wollte andere kulturelle Akzeptanz für die [Parteiname] finden und habe gezielt Schriftsteller und andere Intellektuelle angesprochen. Jetzt traue ich es mich nicht mehr, weil ich nicht weiß, wo ich sie unterbringen könnte. Meine Parteikollegen müssten da schon sehr überzeugt sein. [...] Ich habe aber immer mal wieder die Möglichkeit gehabt, einen oder zwei reinzube-

kommen. Grundsätzlich sind die Strukturen in den Regionen aber zu stark. (Fraktionsführung)

Damit erweisen sich die *Seiteneinsteiger* im deutschen parlamentarischen System nicht als „Parachutistes", die – wie beispielsweise in Frankreich oder den USA – von der nationalen Fraktionsführung wie Fallschirmspringer in die Provinz gesetzt werden (Pedersen et al., 2007). Die Orts- und Landesverbände fungieren also als zentrale Rekrutierungsorgane für den nationalen Politikernachwuchs, und ein Einfluss der nationalen Fraktions- und Parteiführung auf ihre Rekrutierung ist im deutschen föderalen System damit kaum vorhanden.

Die Arbeit der *Seiteneinsteiger* im Bundestag

In den ersten Kapiteln haben wir mittels quantitativer Analysen festgestellt, dass *Seiteneinsteiger* in wichtigen Ausschüssen zwar ähnlich gut vertreten sind wie andere Mitglieder des Bundestags, dass sie aber deutlich schlechtere Chancen haben, höhere Positionen auf Fraktions- und Parlamentsebene zu erhalten. Außerdem erweisen sie sich als ideologisch und in ihrem Abstimmungsverhalten gut an die Fraktionslinie angepasst. Die Auswertung der Interviews mit Parlamentariern, Fraktionsführungen und Experten bietet nun ergänzend einen wertvollen Einblick in die konkrete Arbeit der *Seiteneinsteiger* im Bundestag.

Politische Expertise

Ihrem breiteren gesellschaftlichen Hintergrund entsprechend sehen sich *Seiteneinsteiger* eher als Generalisten (29 Prozent) denn als Fachpolitiker, während *Ochsentourler* stark zum Typus des Fachpolitikers (83 Prozent) neigen. Wie in jedem neuen beruflichen Umfeld müssen sich *Seiteneinsteiger* bestimmte Expertise in manchen Bereichen erst erarbeiten. Dies bejaht ein Fünftel der *Seiteneinsteiger* (5 von 24) deutlich; ein Viertel der *Seiteneinsteiger* gibt sogar an, einen gewaltigen Aufwand zu betreiben, um die Informationsflut zu bewältigen.

> *Also es ist schlicht und einfach so, dass politische Auseinandersetzungen ja immer, oder politische Fragestellungen immer ihren Niederschlag finden in konkreten Anträgen und konkreten politischen Vorgängen, also parlamentarischen Initiativen und ähnlichem. Und da fehlt mir natürlich alles aus eigener Anschauung, wo einige Parteifreunde, die schön länger im Bundestag sitzen, wissen, das haben wir in der 13. Legislatur auch schon mal gemacht. Und auch wenn sie nicht mehr die Details kennen – das ist schon mal auf der*

Agenda gewesen. Und das geht einem als neuem Abgeordneten wirklich ab. Und das ist hinderlich. Weil natürlich die Historie zu kennen schon wichtig ist. Und das ist zeitaufwändig, sozusagen das immer wieder nachzuholen. Und da sehe ich wirklich einen gewissen Nachteil. Das gilt auch gegenüber Leuten, die zeitgleich in den Bundestag gegangen sind, aber eben schon längere Gremienerfahrung hatten, weil die dann, sag ich mal, diese Dinge schon mal in Form von Landesparteitagen oder wo auch immer auch schon mal mitbekommen haben und auch schon mal die Argumente gehört haben. (Seiteneinsteiger)

Der Bundestag ist die größte Uni, man lernt immer viel dazu; das Wissen wird auf Silbertablett präsentiert; in den Ausschüssen trifft man die besten Experten. (Seiteneinsteiger)

Das ist schwierig. Man ist ja im Bundestag hoch spezialisiert und im Wahlkreis ein Generalist. Das ist eine Trainingssache; den eigenen Anspruch auf gute Sachinformation etwas runterzuschrauben und etwas pauschaler zu werden. (Seiteneinsteiger)

Politik bildet: ich war kompetent, aber eindimensional, jetzt besitze ich breitere Kenntnisse, da im Wahlkreis alle möglichen Themen eine Rolle spielen, nicht nur die Fachkenntnis. (Seiteneinsteiger)

Etwa ein Fünftel der *Seiteneinsteiger* gibt an, dass sie sich auf einige Fachgebiete konzentrieren und in weiteren Bereichen auf sehr allgemeine Antworten ausweichen.

Ausschussarbeit

In den Interviews konnten wir das Ergebnis der quantitativen Analysen bezüglich der gut in die Ausschussarbeit integrierten Seiteneinsteiger bestätigen. In der spezialisierten Ausschussarbeit sehen Fraktionsvorstände und Experten mehrheitlich keine Unterschiede zwischen *Seiteneinsteigern* und ihren Kollegen. Dies wird von den *Seiteneinsteigern* selbst mehrheitlich bestätigt, vermutlich da die sachorientierte Arbeit in den Ausschüssen weniger auf institutionellem Wissen aufbaut und ein geeignetes Forum darstellt, das Expertenwissen der *Seiteneinsteiger* einzubringen. Gerade die *Seiteneinsteiger* sehen ihre berufliche Erfahrung als Vorteil in den Ausschüssen, und Wissensrückstände können ihrer Aussage nach dort sehr schnell aufgeholt werden.

In den Ausschüssen kann man über Fachwissen in die Debatte reingehen und muss sich nicht durchsetzen, es redet einem keiner rein, wer also aus einem Fachgebiet kommt, kann sich dort profilieren. (Seiteneinsteiger)

Als Seiteneinsteiger verfüge ich über eine höhere Expertise, da ich zuvor praktische Erfahrung sammeln konnte. (Seiteneinsteiger)

Die Ausschüsse sind für alle Parlamentarier die Möglichkeit, Expertenwissen und Parteiorientierung aufeinander abzustimmen, wobei zwei Zitate das typische Spannungsverhältnis zwischen der parteiorientierten Meinung der Fraktion und den Expertenmeinungen im Ausschuss verdeutlichen:

Ich sehe die Arbeit nicht immer politisch, eher pragmatisch. (Seiteneinsteiger)

Ausschüsse sind thematisch und man bereitet sich darauf vor. Am Ende gilt die Position der Fraktion, die gemeinsam erarbeitet wurde, ist man auf dem gleichen Wissensstand. (Fraktionsführung)

Dem stimmen auch Vertreter der *Ochsentour* zu. Die Hälfte von ihnen erachtet jedoch gerade ihre Erfahrung mit Parteistrukturen als wichtigen Vorteil in der Ausschussarbeit, da diese die Überzeugungungsarbeit erleichtert:

Das Problem ist, dass Parlamentarier ohne Erfahrung oft denken, dass Verfahrensabläufe viel zu lange dauern, da sie, wenn sie auch aus einem Unternehmen kommen, gewohnt sind, relativ schnell Entscheidungen vorzubereiten und zu fällen. In parlamentarischen Gremien ist das nicht so leicht. Die Kernarbeit liegt darin, eine eigene Idee zuerst den anderen näherzubringen, auf Durchführbarkeit und Praktikabilität zu prüfen, dann die Fraktion und den Koalitionspartner zu gewinnen. (Ochsentourler)

In den qualitativen Ausführungen in unseren Interviews wurde außerdem deutlich, wie zentral und umstritten das Erreichen eines Sitzes in einem Ausschuss ist, in dem man seine Expertise einbringen kann. In diesem Aushandlungsprozess zu Beginn der Legislaturperiode versuchen alle Parlamentarier, ob *Seiteneinsteiger*, *Parteiochsentourler* oder anderer Karrieretyp, eine vorteilhafte Ausschussmitgliedschaft zu erlangen, die von der Fraktionsführung vergeben wird. Im quantitativen Analyseteil dieser Studie zeigten wir, dass *Seiteneinsteiger* in den wichtigen Ausschüssen angemessen repräsentiert sind, und wir vermuteten, dass sie aufgrund ihrer Berufserfahrung und Expertise von den Fraktionsvorständen berücksichtigt werden. Die folgende Interviewaussage eines *Seiteneinsteigers* bestätigt diese Überlegung:

Die Fraktionsführung hat sich jedoch für mich stark gemacht, damit ich in den beliebten Ausschuss ‚Inneres' gewählt wurde aufgrund der Expertise; das hat nicht jedem gefallen, andere mussten zurückstecken; die Verteilungskämpfe sind hart, da kommen Anfänger nicht immer in den erwünschten Ausschuss; in meinem Fall gab es Personalwechsel, die nicht jedem gefallen haben. (Seiteneinsteiger)

Ein Fraktionsvorstand äußerte Zweifel an diesem Expertisevorteil der Seiteneinsteiger:

Die [Nicht-Seiteneinsteiger] sind meist besser im Thema vertieft und sind meist teamfähiger. (Fraktionsführung)

Weiterhin bestätigt ein Vertreter des Bewährungsaufstiegs, dass nicht immer die Expertise, sondern auch Sachzwänge wie freiwerdende Plätze ausschlaggebend sind für die Ausschusssitzvergabe:

Ja, also ich bin schon seit meiner Kindheit leidenschaftlicher Wirtschaftspolitiker und bin auch ins Wirtschaftsministerium, weil ich ein überzeugter Wirtschaftsliberaler bin, das war meine politische Erfüllung, mit der Idee bin ich auch in den Bundestag – und siehe da, ich war überhaupt noch nie im Wirtschaftsausschuss während meiner ganzen Zeit. Ich bin da hingekommen und es hieß: „Wirtschaftsausschuss ist nicht frei, Du gehst in den Sozialausschuss." (Ochsentourler)

Parlamentarisches Arbeiten im Plenum

Per Definition sind *Seiteneinsteiger* anfangs Außenseiter und verfügen über weniger Insider-Informationen und innerparlamentarische Erfahrung als ihre Kollegen. Diese Meinung wird vor allem von den Außenstehenden geäußert, während die *Seiteneinsteiger* selbst dies nicht als problematisch ansehen. Eine Mehrheit von *Ochsentourlern*, Fraktionschefs, Experten und Mitgliedern der Verwaltung meint, dass *Seiteneinsteiger* den politischen und parlamentarischen Prozess nicht ausreichend kennen und deshalb Mühe hätten, ihre Ideen im Parlament umzusetzen. Von den *Seiteneinsteigern* ist jedoch nur ein Drittel (7 von 24) dieser Meinung, während 10 von 24 (42 Prozent) diese Aussage sogar eher ablehnen. Hier zeigt sich eine interessante Divergenz von Eigen- und Fremdwahrnehmung: Während ihre Kollegen und Vorgesetzten eher Probleme oder Herausforderungen in der parlamentarischen Arbeit sehen, halten sich die *Seiteneinsteiger* selbst für kompetent und lernwillig. Das gleiche Bild zeigt sich bei den prozeduralen Kenntnissen: Zwar gibt es einen Konsens, dass erprobte Berufspolitiker im Gegensatz zu *Seiteneinsteigern* mehr Kenntnisse über den Ablauf politischer Prozesse haben; unter den *Seiteneinsteigern* sehen das aber immerhin 17 Prozent anders. 29 Prozent der *Seiteneinsteiger* erläutern im Gegenteil, dass sie gerade durch ihren außerparlamentarischen Erfahrungsschatz ausreichend Expertise in das Mandat einbrächten. Ähnlich unproblematisch sehen die *Seiteneinsteiger* ihre Arbeit im Plenum. Eine Mehrheit von 67 Prozent gibt an, keinen Nachteil in der Arbeit im Plenum zu haben, dies unter anderem aufgrund ihrer Vorerfahrung oder ihres schnellen Lernerfolgs.

Richtig ist, dass man parlamentarische Spielregeln kennen muss und nicht gleich mitbringt. Aber dadurch, dass ich zwei Jahre vorher ins Stadtparlament gegangen bin, habe ich gewisse Grundregeln miterlebt und gelernt – also sowas wie Beschränkung der Redezeit in Debatten, Rednerlisten, wo man sich beinahe taktisch auch mal draufsetzen lassen muss – das sind sicher Sachen, die man erst dann lernt, wenn man in den Gremien erst mal sitzt, das kenne ich aus der Industrie nicht. (Seiteneinsteiger)

Naja, also das Reden vor einer großen Menschenmenge hatte ich geübt, insofern als ich mal eine Betriebsversammlung regelmäßig gemacht habe oder andere Gelegenheiten hatte, bei denen ich mal öffentlich gesprochen habe. Aber klar ist, dass man das, was man heute als charismatischen Redner empfindet, lernen kann. Das gilt gleichermaßen auch für politische Reden. Und da ist derjenige, der das früh geübt hat, im Vorteil, auch was die Sicherheit, mit der man dann in der Plenumsrede auftritt, betrifft. Wobei auch langjährige Abgeordnete im Plenum aufgeregt sind, sich verhaspeln und Fehler machen. Aber man kann – das ist die eigene Entscheidung – das trainieren lassen. Es gibt ja auch Fachleute, die Rhetorikkurse geben. Ich habe das bisher nicht gemacht, muss aber ehrlich sagen, dass ich immer wieder darüber nachdenke, das zu tun. (Seiteneinsteiger)

Man muss lernen, wie Meinungsbildung, Fraktion und Plenum funktionieren; man darf nicht viel fragen (kein Dummfrager sein), sondern muss schnell lernen; Spielregeln muss man kennen. (Seiteneinsteiger)

Lediglich vier von 24 *Seiteneinsteigern* (17 Prozent) sehen es als Herausforderung, die parlamentarischen Spielregeln zu erlernen:

Es ist schon schwierig, sich in die politische Rhetorik einzufinden, die unterscheidet sich schon sehr stark von der auf wirtschaftlicher bzw. Geschäftsführerebene. (Seiteneinsteiger)

Ich mache keine Zwischenrufe, obwohl ich weiß, dass es wichtig ist, im Protokoll aufzutauchen; werde bestimmte Praktiken (Zwischenrufe) nicht lernen wollen, da sie meinem persönlichen Verständnis von angebrachtem Verhalten widersprechen; Ochsentourler haben höhere Professionalität im Reden. (Seiteneinsteiger)

Ich lerne noch immer dazu, bringe mir das aber durch aufmerksames Zuhören und Zusehen selber bei; ich musste zum Glück auch schon im früheren Beruf viele Reden halten. Das Reden im Bundestag ist aber schon eine ganz eigene Sache. (Seiteneinsteiger)

Auch Vertreter der *Ochsentour* sehen das Erlernen der parlamentarischen Spielregeln als nicht besonders problematisch. Die geringe Relevanz der parlamentarischen Spielregeln wird nicht zuletzt durch eine generelle Tendenz parlamentarischer Entscheidungsprozesse bestätigt, wonach weniger Gewicht auf der tatsächlichen parlamentarischen Debatte im Plenum liegt als in der Arbeit in den Partei- und Fachgremien.

Kontakte und Netzwerke in Fraktion und Parlament

Definitionsgemäß haben *Seiteneinsteiger* weniger Erfahrung in parlamentarischen Arbeitsabläufen und den entsprechenden Entscheidungsprozessen. Wie stark diese geringere Erfahrung jedoch wirkt, ist umstritten. Die von uns befragten Parlamentsexperten berichten mehrheitlich, dass *Seiteneinsteiger* das politische Spiel weniger gut kennen und Themen somit weniger erfolgreich in der Fraktion platzieren können. Zudem verfügten sie über weniger Kontakte in der Politik, was nicht mehr wettzumachen sei.

[Seiteneinsteiger sind] freier, da ihre Legitimationsbasis außerhalb der Fraktion liegt, sie nicht von Parteiintrigen abhängig oder in Loyalitätskonflikten sind, aber sie besitzen weniger Einfluss in der Fraktion über inoffizielle Wege in ‚Kaffeerunden'. (Parlamentsexperte)

Man braucht in der Politik Netzwerke, und so wie das Rekrutierungssystem jetzt läuft, ist es so, dass die zentralen Netzwerke die sind, die man in jungen Jahren bei der JU, bei den Jungsozialisten, gleich wo, knüpft, die einen generationsspezifisch das ganze politische Leben hindurch begleiten.[...]

Man hat, weil man sozusagen aus seinem Wahlkreis, seiner Gemeinde, seinem späteren Wahlbezirk nicht weggekommen ist, dort intensivste Netzwerke. Man kennt jede Fabrik, jeden Bürgermeister, die meisten Gemeinderäte, natürlich die Landräte – das sind genau die Netzwerke, die wichtig sind für die Politik. Sie werden heutzutage von Leuten in jungen Jahren geknüpft und werden dann weiter gepflegt, die denen einen überhaupt nicht überwindbaren Konkurrenzvorteil gegenüber allen Seiteneinsteigern geben, weshalb es auch kaum Seiteneinsteiger gibt. (Parlamentsexperte)

Vier von sieben Interviewpartnern aus den Fraktionsführungen führen aus, dass *Seiteneinsteiger* weniger „erlebtes" und „strategisches" Wissen besitzen, das sich nicht so leicht aufholen lässt wie faktische Kenntnis, so dass *Seiteneinsteiger* in ihrer parlamentarischen Arbeit durchaus benachteiligt sein könnten. Diese Meinung teilen die *Seiteneinsteiger* selbst jedoch nicht uneingeschränkt. Einerseits bestätigt die Hälfte die Einschätzung, dass es ihnen schwer fällt, langjährige Kontakte ihrer Kollegen in der Fraktion aufzuholen. Und immerhin ein Viertel glaubt, dass die strategisch relevanten Kontakte nicht mehr aufzuholen seien.

Als Quereinsteiger muss man sich die Kontakte zur Fraktionsführung erst erarbeiten. Langer Prozess, bei dem gewisse Ressentiments immer bestehen bleiben. (Seiteneinsteiger)

[Frage: „Wie schwierig fanden Sie es, langjährige Kontakte Ihrer Kollegen in der Fraktion aufzuholen?"] Sehr schwierig; immer nach dem Motto: Mühe geben, bei Themen, für die ich mich interessiere. (Seiteneinsteiger)

Ochsentourler sprechen die Fraktionsführer einfach an und sind penetranter; ich nehme mir lieber die Zeit für ein längeres Gespräch, wenn Zeit da ist. (Seiteneinsteiger)

Andererseits gibt ein großer Teil der Seiteneinsteiger (10 von 24, 42 Prozent) an, dass es ihnen nicht schwer fällt, den Kontaktvorsprung ihrer langgedienten Kollegen aufzuholen:

Dadurch, dass ich – wie fast jeder, der in die Politik geht – ein wie auch immer gearteter Netzwerker und kommunikationsfreudig bin, hatte ich sehr schnell ein Netzwerk aufgebaut, das mir geholfen hat, bei allen möglichen Fragestellungen dieses Netzwerk zu nutzen. Langjährige Seilschaften fehlten mir vielleicht nur in der einen oder anderen sehr konkreten Frage. (Seiteneinsteiger)

> *Ich hatte von Anfang an das Gefühl, dass ich willkommen bin, ich habe immer ein offenes Ohr gefunden. Man nimmt sich die Zeit und Neulinge werden geschützt! (Seiteneinsteiger)*
>
> *Kontakte? Das haben die, die von außen kommen, auch. Die haben andere Arten von Kontakten. Oder sie haben die gleichen Kontakte, nur aus einem anderen Blickwinkel. Wenn sie von einem Verband kommen oder aus der Wirtschaft. Und dann haben sie wiederum Kontakte, die die Politiker in dieser Form nicht haben. (Fraktionsführung)*

Als sehr hilfreich beim Netzwerkaufbau werden die Landesgruppen erachtet:

> *Ich hatte erst nach dem Eintritt Kontakte in der Fraktion. Die Landesgruppe hat mir geholfen; ich habe ein paar wenige Kollegen, mit denen man sehr gut auskommt, viele, mit denen man nicht so viel zu tun hat. Es ist aber auch richtige Freundschaft möglich; in Berlin ist man schnell einsam. (Seiteneinsteiger)*

Anders sehen dies die *Ochsentourler*, die ihren Informations- und Kontaktvorsprung im Vergleich mit den *Seiteneinsteigern* als deutlicher wahrnehmen:

> *Der Unterschied zwischen dem Seiteneinsteiger und mir ist, dass ich natürlich genau wusste, wie die Spielregeln in der Fraktion sind, wie der hierarchische Aufbau in der Fraktion ist – die Vorstellung, ich komme jetzt nach – damals – Bonn und sage denen mal, was Politik ist, hatte ich natürlich nicht. Ich wusste genau, Du fängst erst mal ganz klein an. (Ochsentourler)*

> *Innerhalb der Partei hat man in jedem Fall ein besseres Netzwerk, aber nicht zwingend auch in der Bevölkerung und in gesellschaftspolitisch wichtigen Kreisen. (Ochsentourler)*

Wiederum zeigt sich eine gewisse Divergenz zwischen Selbst- und Fremdwahrnehmung der Schwierigkeiten von *Seiteneinsteigern*, da diese den mangelnden Kontakt und die schlechteren Netzwerke für vorhanden, aber bewältigbar halten, während *Ochsentourler* dies etwas skeptischer sehen.

Karriereaussichten in der Fraktion und Umgang mit der Fraktionsführung

Im Zusammenhang mit der Fraktionsführung haben wir bereits in der quantitativen Analyse der Studie gezeigt, dass *Seiteneinsteiger* deutlich geringere Chancen auf Posten und höhere Ämter haben als ihre langgedienten Amtskollegen, beispielsweise die *Jungen Karrieristen*. Auch unter den befragten Parlamentsexperten besteht weitgehend Konsens darüber, dass im parteiinternen Wettbewerb um Positionen *Seiteneinsteiger* das Nachsehen und langgediente Parteimitglieder größere Chancen haben, wie sieben von neun Experten (78 Prozent) und sechs von sieben Mitgliedern der Fraktionsführungen (86 Prozent) bestätigen. Auch die Abgeordneten selber sehen diese Nachteile: Sieben von zwölf *Ochsentourlern* (58 Prozent) teilen diese Ansicht, dies im Gegensatz zu nur zwei ihrer Fraktionskollegen (17 Prozent), welche sie als „eher falsch" werten. Auch bei den *Seiteneinsteigern* sind 15 von 24 oder 62 Prozent der Meinung, dass sie beim Wettbewerb um Positionen das Nachsehen haben, während ein Viertel von ihnen diese Aussage für „eher falsch" hält.

Da es denkbar ist, dass *Seiteneinsteiger* seltener eine Karriere innerhalb der Fraktion oder des Parlaments wünschen und deshalb nicht in höheren Positionen vertreten sind, haben wir untersucht, ob *Seiteneinsteiger* überhaupt gleichermaßen höhere Positionen anstreben. Auf die Frage nach der idealen persönlichen Karriereentwicklung antworten 66 Prozent (8 von 12) der *Ochsentourler* mit dem Wunsch einer Karriere im Bundestag. Davon können sich 63 Prozent (5 von 8) vorstellen, ein höheres Amt zu besetzen. Bei den *Seiteneinsteigern* kann sich knapp mehr als die Hälfte (13 von 24) vorstellen, weiterhin im Bundestag tätig zu sein, allerdings wollen nur 38 Prozent dies in einem höheren Amt tun. Es scheint bei dem Wettbewerb um die höheren Ämter also eine Art Selbstselektion zu geben: *Seiteneinsteiger* scheinen weniger interessiert an Posten und Ämtern innerhalb der Fraktion zu sein als die *Ochsentourler*. Erstaunlich ist, dass nur gerade 8 Prozent der *Seiteneinsteiger* (2 von 24) eine Rückkehr in ihre frühere Berufstätigkeit in Erwägung ziehen. Der größte Teil der *Seiteneinsteiger*, welcher keine zukünftige Karriere im Bundestag verfolgt, will sich neuen gesellschaftspolitisch relevanten Aufgaben widmen, etwa als Tierschutzbeauftragter oder behindertenpolitischer Sprecher der Bundesregierung, oder sich in Stiftungen oder Vereinen engagieren. Drei der sieben *Seiteneinsteiger*, welche sich keine weitere Karriere im Bundestag vorstellen können, begründen dies mit ihrem fortgeschrittenen Alter. Zwar wollen sie politisch aktiv bleiben, aber verfolgen keine weitere politische Karriere auf Bundesebene. Auffallend ist, dass die *Seiteneinsteiger* häufig Mehrfachantworten gegeben haben. Es scheint, dass sie sich oft eine weitere Legislaturperiode vorstellen können, aber durchaus für anderes offen wären. Aufgrund ihrer vorparlamentarischen Berufserfahrung verfügen sie wahrscheinlich auch über mehr Kontakte und Optionen als Parlamentarier, die die größte Zeit ihres Berufslebens im Parlament arbeiteten:

Nein, also, wenn ich im Bundestag bleibe, dann in etwa in der gleichen Funktion eines ‚normalen Abgeordneten', was ja nicht ausschließt, dass man mal Obmann oder auch Sprecher für einen Fachbereich sein will und kann. Ich meine, dass meine Aufgabe als ‚einfacher Abgeordneter' anspruchsvoll und verantwortungsvoll genug ist, als dass ich da mehr machen wollte – da fehlt mir auch in meinem Lebensalter dann doch die weiterreichende Perspektive, denn sicher ist – ich werde jetzt 62 –, dass ich, wenn ich noch mal antrete – was ich will, aber wozu die Partei mich ja aufstellen muss –, aber am Ende der zweiten Legislatur im Bundestag, in der ich ja dann sein würde, dann auch wieder aussteige und das schließt beinahe aus, dass ich in dieser Zeit ein sehr hohes Amt sozusagen in Form eines Fraktionsvorsitzes oder ähnliches anstreben würde. Unabhängig davon, dass man für diese Ämter auch was mitbringen muss, von dem ich nicht glaube, dass ich's mitbringe. Als Fraktionsvorsitzender müssen Sie einfach charismatischer reden können und überzeugen können, und das ist keine Gabe, die ich habe. Möglicherweise müsste man so etwas lernen, aber diese Investition will ich nicht machen. (Seiteneinsteiger)

Es ist für mich ein Mandat auf Zeit. Ich würde gerne noch ein oder zwei Legislaturperioden weitermachen, aber dann wieder zurückkehren. (Seiteneinsteiger)

[Nach Ende des Mandats will ich mich] mit 67 dann eventuell in einer Stiftung engagieren, im Bildungsbereich tätig sein, eventuell im konfessionellen oder unternehmerischen Bereich Erfahrungen einbringen. Es ist aber auch Besorgnis vorhanden, da ich Eigengestaltung meines Tages nicht mehr gewohnt bin: ich frage mich nicht mehr, was ich machen soll, das wird mir alles gesagt von den Mitarbeitern; mit meinen Erfahrungen sollte ich Politikberater werden. (Seiteneinsteiger)

Abgesehen von der Ämtervergabe, die hauptsächlich von der Fraktion beeinflusst wird, haben wir auch die Kommunikation zwischen Fraktionsspitze und *Seiteneinsteigern* analysiert. Ein Viertel der *Seiteneinsteiger* fühlt sich von der Fraktionsführung durchaus anerkannt und unterstützt (6 von 24).

Und ich sage mal, der persönliche Kontakt in einer kleinen Fraktion – wir sind mit 68 Abgeordneten, würde ich sagen, immer noch eine kleine Fraktion – ist so gut, dass ich keine Hemmungen habe, [Namen aus der Fraktionsführung] oder wen auch immer vom Fraktionsvorstand in einer der vielen Sitzungen, die wir haben, anzusprechen. Oder er spricht mich an, wegen eines

Sachthemas, also insofern meine ich, dass der Kontakt sehr unproblematisch und gut ist. Ich betone aber, das ist mit Sicherheit für uns als kleine Fraktion eine andere Situation als mit über 200 Abgeordneten. (Seiteneinsteiger)

Eine kleine Minderheit empfindet sich jedoch als Hinterbänkler (2 von 24, 8 Prozent), was auch von manchem *Ochsentourler* bestätigt wird:

Man braucht ausgeprägte persönliche Kompetenz, um nach langer und erfolgreicher beruflicher Erfahrung wieder den Status des Lehrlings einnehmen zu können. Es tut auch mal gut, nicht immer vorne dabei zu sein; für die Fraktionsführung war ich erst mal ein Niemand. (Seiteneinsteiger)

Selbst mit der besten Argumentationskette finden Seiteneinsteiger einfach kein Gehör, weil sie noch niemand kennt. (Ochsentourler)

Trotz dieses manchmal mühsamen Kontakts zur Fraktionsführung in puncto Kommunikation – oder gerade deshalb – bemüht sich die Fraktionsführung um ein recht enges Verhältnis zu den *Seiteneinsteigern*: In mehr als 70 Prozent aller Abstimmungen erteilt sie ihnen Abstimmungsempfehlungen, dies im Gegensatz zu durchschnittlich 59 Prozent bei den Vertretern der *Ochsentour*. Diese Handlungsempfehlungen im Entscheidungsprozess können als zusätzliche Kontrolle, aber auch als hilfreiche Unterstützung interpretiert werden. Die Darlegungen zur Kommunikation zwischen *Seiteneinsteigern* und Fraktionsvorsitzenden in den Interviews bestätigen unsere Umfrageergebnisse aus dem zweiten Teil der Studie. In diesen wurde deutlich, dass *Seiteneinsteiger* ein enges Verhältnis zur Fraktionsführung pflegen und ihre Führung akzeptieren.

Befragt man *Seiteneinsteiger* nach ihrer Repräsentationsorientierung („Welche Gruppen repräsentieren Sie?"), zeigt sich wieder ihre eher fraktionsnahe respektive etwas wählerfernere Ausrichtung im Gegensatz zu manchen ihrer Parlamentarierkollegen. Für 67 Prozent der *Seiteneinsteiger* ist die Vertretung des Wahlkreises sehr wichtig, während die *Ochsentourler* zu 83 Prozent dieser Ansicht sind. Entsprechend finden die *Seiteneinsteiger* die Repräsentation der nationalen Partei wichtiger als die *Ochsentourler* (46 respektive 33 Prozent).

Während wir in unserer Analyse der namentlichen Abstimmungen festgestellt haben, dass *Seiteneinsteiger* deutlich weniger von der Fraktionslinie abweichen als etwa die *Local Heroes* mit ihrer stärkeren regionalen Verwurzelung, denken immerhin drei Mitglieder der Fraktionsspitzen, dass *Seiteneinsteiger* unabhängiger sind und häufiger gegen die eigene Fraktion stimmen.

Vielleicht ist es bei Seiteneinsteigern so, die machen ihr Abstimmungsverhalten von ihrer inneren Überzeugung abhängig, während wenn man länger im Politikgeschäft ist, unterscheidet man auch hier wieder zwischen wesentlich und nicht wesentlich. Zwischen der Wirkung, die das hat. Verstehen Sie, da kann es Situationen geben, da sagt man, es geht hoch her, Bitteschön, und dann gibt es Situationen, wo Du sagst nee, nee, das mache ich nicht mit. (Fraktionsführung)

Die *Seiteneinsteiger* nehmen sich selbst ebenfalls als unabhängiger wahr, sowohl betreffend Meinungsbildung als auch bezüglich ihrer existenziellen Sicherung:

Völlig anderer Erfahrungshintergrund im ‚normalen Leben'; dadurch hat man andere Optionen zum Ausstieg, man ist unabhängiger. (Seiteneinsteiger)

Da ich nicht langjährig durch Parteiorganisationen gegangen bin, bin ich unabhängiger in der Meinungsbildung, muss aber auch intensiver netzwerken. (Seiteneinsteiger)

Ich habe einen sehr unabhängigen Blick von außen und bin mit den Parteistrukturen nicht so verwoben. (Seiteneinsteiger)

Umgekehrt finden zwei Mitglieder der Fraktionsspitzen und die Experten aus der Bundestagsverwaltung keine Unterschiede zwischen *Seiteneinsteigern* und anderen Parlamentariergruppen. Ein führendes Mitglied einer kleinen Fraktion argumentiert, dass *Seiteneinsteiger* zwar oft geistig unabhängiger seien, aber Stimmen gegen die eigene Fraktion meist von Karrierepolitikern kämen, was unseren quantitativ erarbeiteten Ergebnissen zum fraktionstreuen Abstimmungsverhalten der *Seiteneinsteiger* eher entspricht.

Außerdem pflegen *Seiteneinsteiger* einen deutlich engeren Kontakt mit dem Parteivorsitzenden als Vertreter der *Parteiochsentour*.

Seiteneinsteiger haben einen unbefangeneren Umgang mit der Fraktionsführung, der zu Freund- und Feindschaft führen kann. (Seiteneinsteiger)

Seiteneinsteiger fallen eher mit der Tür ins Haus als taktisch-strategisch vorzugehen. (Parteiochsentourler)

Innerhalb der Fraktion sind die *Seiteneinsteiger* generell soweit gut integriert, dass sie nicht durch andere Verhaltensnormen auffallen. In ihren Einstellungen zu etablierten parlamentarischen Verhaltensnormen wie „Es soll keine politische Initiative ohne Autorisation durch die Fraktion ergriffen werden" oder „Für unsere Fraktion ist es wichtig, geschlossen aufzutreten" weichen die *Seiteneinsteiger* kaum von der Einstellung ihrer Kollegen von der *Parteiochsentour* ab. Damit zeigt sich erneut, dass sie sich gut in die Fraktion integrieren und die dortigen Spielregeln anerkennen.

Kontakt zu den Wählern

Abgesehen vom Kontakt zur Fraktionsführung spielt die Tuchfühlung mit den Wählern eine zentrale Rolle im politischen Leben der *Seiteneinsteiger*. Erwartungsgemäß haben die *Seiteneinsteiger* hier den größten Nachholbedarf, da sie nicht wie ihre in den lokalen und regionalen Gremien verwurzelten Kollegen auf etablierte Verbindungen zurückgreifen können. Deshalb erstaunt es nicht, dass sie einen intensiven Kontakt zu den Wählern pflegen, was sich in den häufigen Abstimmungsempfehlungen von Seiten der Wähler zeigt. *Seiteneinsteiger* erhalten in knapp der Hälfte der Abstimmungen Stimmempfehlungen von Wählern, *Parteiochsentourler* nur in knapp 30 Prozent.

Früher wollte ich nie everybody's darling sein und hat mich wenig interessiert, ob andere mit meiner Meinung unzufrieden waren; heute will ich noch immer nicht everybody's darling sein, aber ich gebe mir mehr Mühe, andere Meinungen intensiver anzuhören, und verwende mehr Energie darauf, andere zu überzeugen; hohe Schule des kontrovers Diskutierens auf hohem Niveau. (Seiteneinsteiger)

Die Ansprüche sind kaum zu erfüllen, von Alltagsproblemen bis zu hochkomplexen Sachproblemen, man hat es als Abgeordneter mit 100 Prozent der Bevölkerung zu tun, nicht mit einer Teilmenge wie im Beruf, daraus resultiert die Bandbreite der Anforderungen und Kritiken (man erhält viel mehr Kritik als Zuspruch, aber das heißt nicht, dass die Kritiker in der Mehrheit sind), man lernt dies einzuordnen und auf den Wähler einzugehen, aber als Polizist muss man das auch schon können. (Seiteneinsteiger)

Ich habe immer gute Kontakte zu Wählern gehabt, bin aber kein Bürgerschnacker; ich gehe nicht auf jedes Schützenfest. (Seiteneinsteiger)

Ich bin einfach durch die Dörfer der 120 Gemeinden und Städte gezogen. Ich bin mir sicher, in jedem Ort meines Wahlkreises mindestens einmal vor Ort gewesen zu sein. Direkte Kontaktaufnahme während Diskussionen in den örtlichen Gastwirtschaften. (Seiteneinsteiger)

Seiteneinsteiger [haben] den Vorteil, dass sie von den Wählern ganz anders betrachtet werden. Sie geben dem Seiteneinsteiger erst einmal einen gewissen Bonus bzw. einen Vorschuss, was dann bestätigt werden muss. (Fraktionsführung)

Knapp die Hälfte der *Seiteneinsteiger* kann in ihrer Beziehung zu den Wählern im Vergleich zu erfahreneren Kollegen keinen Unterschied sehen. Knapp ein Drittel von ihnen (7 von 24) ist sogar der Ansicht, den Wählern aufgrund ihrer außerpolitischen Erfahrung und größeren Offenheit näher zu stehen. Ca. 40 Prozent (10 von 24) betonen, dass die Kontaktaufnahme nicht schwierig sei, sei es während Veranstaltungen im Wahlkreis, über die Presse oder anderes außerparlamentarisches Engagement.

Im Kontrast dazu ist nur ein *Seiteneinsteiger* (4 Prozent) der Ansicht, dass sein Karrieretyp zu wenige Kenntnisse über die Probleme der Bürger vor Ort hat. Die Außensicht auf die *Seiteneinsteiger* ist jedoch eine andere: Von einer geringeren Problemkenntnis der Bürger seitens der *Seiteneinsteiger* gehen 43 Prozent (3 von 7) der Fraktionsspitzen und sogar 71 Prozent (5 von 7) der Experten aus.

Verhältnis zu Interessengruppen und Umgang mit den Medien

Im Verhältnis zu Interessengruppen sehen *Seiteneinsteiger* keinen Unterschied zu ihren Kollegen. Bei der Kontakthäufigkeit zu Lobbyisten konnten wir auch keine deutlichen Unterschiede zwischen *Seiteneinsteigern* und anderen Parlamentariern feststellen. Nur 13 Prozent (3 von 24) erachten diesen Kontakt als schwieriger:

Ich musste mir die [Kontakte zu Interessengruppen] mühselig aufbauen; es hat geholfen, dass wir in der Regierung waren. (Seiteneinsteiger)

21 Prozent der *Seiteneinsteiger* hingegen denken, sie hätten es aufgrund ihrer vorparlamentarischen Kontakte sogar einfacher als die *Ochsentourler*:

Seiteneinsteiger bringen Netzwerke von außerhalb mit; Ochsentourler müssen sich die Kontakte zu Interessengruppen erst aufbauen. (Seiteneinsteiger)

Das ist nicht eine Sache, die schwierig ist, im Gegenteil, man bekommt als Politiker leichter Zugang, als ich das erwartet habe, fast überall hin. Ich mache ein Beispiel, das ist der Hauptgeschäftsführer des Bundes der Deutschen Industrie, ein bekannter Verbandsmann, der mit Sicherheit eine Riesenagenda hat, und aus bestimmten Gründen möchte ich ein Gespräch mit ihm führen zu Unternehmensbesteuerung, das neben der Mehrwertsteuer mein Fachgebiet ist, und da war es keine Schwierigkeit, einen Termin zu finden, es wurde sofort ein Termin vereinbart. Oder zu den fünf Wirtschaftsweisen, Professor Wiegand hier in Regensburg – gut, das liegt auch ein bisschen nah –, das hat ein Telefonat bedeutet und dann hatte ich den Kontakt, und wir haben eine Stunde geredet. (Seiteneinsteiger)

Besonders deutlich ist der Erfahrungsgewinn jedoch beim Umgang mit der Presse. Ein Drittel der *Seiteneinsteiger* berichtet von der Zunahme der eigenen Professionalisierung während ihrer Amtszeit, was sich unter anderem in einem vorsichtigeren Umgang mit Anfragen zeige.

Anders ist es wie gesagt bei den Medien, da gibt's eben einfach z. B. den Trick des Zeitungsreporters, der stellt, wie gestern beim Sommerinterview, so eine Frage wie ‚Würden Sie mir zustimmen, dass Sie – oder wie hat er gesagt – Ihre Erfahrungen dann noch ein bisschen frustrierender waren?' Und da müssen Sie eingreifen und sagen ‚Nein, frustrierend ist das falsche Wort.' Wenn Sie da ‚Ja' sagen, das hat er eigentlich ganz gut getroffen, dann steht morgen in der Zeitung ‚[Name] frustriert über seine Arbeit im Bundestag'. Und dann können Sie eigentlich nicht sagen ‚Ich hab's nicht gesagt', Sie haben die Suggestivfrage bejaht, ja. Und das passiert mit dem Wähler nicht, also insofern ist der Umgang mit den Medien schon schwieriger, muss man sicher immer bewusst machen, man macht auch Fehler – beim Wähler ist es nicht problematisch. (Seiteneinsteiger)

Ich habe erst mal gelernt, wie ein Interview funktioniert, wie bekommt man einen Pressekontakt, was muss man tun, um in der Presse zu erscheinen, also all diese Kenntnisse habe ich vorher nicht gehabt, sondern habe sie mir erarbeiten müssen. (Seiteneinsteiger)

Ich bin vorsichtiger. Und kürzer, prägnanter, weniger auslegungsfähig. (Seiteneinsteiger)

Man ist vorsichtiger geworden. Überlegt genau, bevor man öffentlich spricht. (Seiteneinsteiger)

Man muss offensiver auf die Presse zugehen und einfache Botschaften formulieren; als Fachpolitikerin unterschätzt man häufig die Oberflächlichkeit, mit der Journalisten arbeiten müssen. (Seiteneinsteiger)

Ein Drittel der *Seiteneinsteiger* war nach eigenen Angaben durch vorherige Tätigkeiten im Umgang mit der Presse ausreichend geschult. Dennoch nehmen auch die Fraktionsführungen eine Medienschulung der *Seiteneinsteiger* im Lauf einer Wahlperiode wahr:

> *[Seiteneinsteiger] lesen im Plenum anfangs oft mehr ab und beziehen sich mehr auf Erfahrungen im eigenen Leben außerhalb der Politik; selbst wenn sie anfangs Experten sind, werden sie durch die Anforderungen der Medien schnell zu Generalisten. (Fraktionsführung)*

Zusammenfassend lässt sich hinsichtlich der konkreten Arbeit im Bundestag Folgendes festhalten: *Seiteneinsteiger* müssen schnell Strategien entwickeln, um die große Informationsflut und Nachfrage nach Expertise möglichst effizient zu bewältigen. In der Ausschussarbeit haben sie kein Nachsehen, da dort besonders fachliches Wissen gefragt ist. Auch in der parlamentarischen Arbeit im Plenum sehen sie sich nicht benachteiligt, da sie die parlamentarischen Spielregeln nach eigenen Angaben rasch lernen. Ebenso sind sie der Meinung, dass sie Kontakte und Netzwerke in den Fraktionen zügig aufbauen. Etwas kritischer wird dies von ihren Kollegen und Experten eingeschätzt, die das Erlernen der parlamentarischen Normen und das Netzwerkebilden der *Seiteneinsteiger* als mühevoller beschreiben. Nicht eindeutig sind die Aussagen zum Abstimmungsverhalten der *Seiteneinsteiger*: ob sie eher mit oder gegen die Fraktion stimmen, ist umstritten. Den Aufbau der Beziehung zu den Wählern erachten die *Seiteneinsteiger* als weniger problematisch als Parlamentsexperten und *Parteiochsentourler*. Eine deutliche Lernkurve attestieren sich die meisten *Seiteneinsteiger* im Umgang mit den Medien; sie schildern, dass sie im Lauf ihrer Amtszeit deutlich erfahrener und vorsichtiger wurden.

Lokale Absicherung

Wie zuvor diskutiert, geht die bisherige Literatur über *Seiteneinsteiger* davon aus, dass diese bald nach ihrem Amtsantritt versuchen, sich über aktive Wahlkreisarbeit ‚lokal abzusichern' im Sinn dieser Aussage:

> *Man darf die Arbeit im Wahlkreis nicht vernachlässigen; der Bundestag ist eine ganz andere Ebene; ich hatte immer auch ein kommunales Mandat, um beide Ebenen immer im Blick zu haben; das ist aber eine ziemlich hohe Arbeitsbelastung. (Seiteneinsteiger)*

In den von uns durchgeführten Interviews geben jedoch knapp 80 Prozent (19 von 24) der befragten *Seiteneinsteiger* an, sich nach der Mandatsübernahme nicht oder nicht erneut regional abzusichern. Diese große Mehrheit lässt sich in zwei

Gruppen unterscheiden. Vertreter der ersten Gruppe waren schon vor der Wahl lokal verankert und bemühen sich auch weiterhin auf unterschiedlichen Wegen um den Kontakt in die eigene Region – z. B. durch lokale Ämter, örtliche Vereine und parteinahe Organisationen, durch (partei-)politische Landesämter oder durch regelmäßige Auftritte bei Ortsverbänden, Kreisverbänden und Wahlkampfveranstaltungen.

[Absicherung im Wahlkreis?] Nein, nie gemacht. Sicherung der Wiederwahl habe ich dadurch gemacht, dass ich viel in die Kreisverbände gegangen bin und diese über die Politik, die ich mache, informiert habe, um zu zeigen, dass ich was mache und sich meine Wiederwahl somit lohnen wird. Also Sicherung der eigenen Position durch Fachkompetenz und Vortragen dieser Kompetenz bei Veranstaltungen, wie z. B. auch Landtagswahlen, Kommunalwahlen, Bundestagswahlen. (Seiteneinsteiger)

Die andere Gruppe hingegen will ihre Wiederwahl durch inhaltlich gute Arbeit oder andere parteipolitische Absicherung erreichen und nicht durch Wahlkreisarbeit.

[Absicherung im Wahlkreis?] Das habe ich nicht gemacht, aber ich habe das bei anderen schon beobachtet; ich finde, das ist eine Unsitte. (Seiteneinsteiger)

Die befragten Experten aus der Bundestagsverwaltung erkennen hingegen grundsätzlich eine lokale Absicherung bei *Seiteneinsteigern*. So werde lokale Arbeit von der Fraktion „erwartet" und als „Pflicht" angesehen, um in der Partei akzeptiert zu werden.

Bundestagsabgeordnete müssen als Multiplikator auch lokal arbeiten für die Fraktion; das wird von den Fraktionen erwartet; MdB müssen dieser Verpflichtung vor Ort nachkommen; jeder mit einem solchen Amt wird gebraucht. (Bundestagsverwaltung)

Allen ist der Wahlkreis wichtig; allen ist es wichtig, dort präsent zu sein, auch wenn man nicht Direktkandidat ist, sondern als Listenkandidat in den Bundestag eingezogen ist. In den letzten 20 Jahren ist die Wahlkreis-Arbeit wichtiger geworden; es gibt keinen Unterschied zwischen Seiteneinsteigern und Ochsentourlern. (Bundestagsverwaltung)

Einhellig bejahen auch die wissenschaftlichen Experten die Notwendigkeit einer regionalen Verankerung auch bei den *Seiteneinsteigern*. Die lokale Absicherung sei der typische Weg, sowohl die Wiederwahl zu sichern als auch den Vorsprung der anderen Parteikandidaten, etwa der *Ochsentourler*, aufzuholen.

Bei den ehemaligen Mitarbeitern ist dies ganz deutlich, sie verankern sich im Nachhinein, das ist ein ganz typisches Phänomen. Bei den Seiteneinsteigern ist dies ähnlich; umso länger er dabei ist, desto mehr muss er den Regeln folgen, die eben besagen, dass man lokal verwurzelt sein muss, weil man sonst nicht wieder aufgestellt wird. Denn da fast alle erfolgreichen Kandidaten doppelt aufgestellt sind, also in Wahlkreis und Liste, wird nur jemand aufgestellt, der auch im Wahlkreis antritt, und dafür muss er dort verwurzelt sein. Insofern ist die lokale Verwurzelung ein Muss. (Parlamentsexperte)

[Die Seiteneinsteiger] müssen den Vorsprung der anderen aufholen und damit in die Lokalpolitik, wenn sie nicht gleich wieder verschwinden wollen. Sie müssen Bereitschaft zeigen, in der Partei ‚Kärrnerarbeit' zu leisten. (Parlamentsexperte)

Auch die Befragten aus den Fraktionsführungen bestätigen durchweg die Bedeutung der lokalen Absicherung:

Lokal absichern versucht im Prinzip jeder Abgeordnete, das ist Voraussetzung, wenn man lange politisch aktiv sein will. (Fraktionsführung)

Das ist sehr sinnvoll. Vor allem für den Fall, dass mal unruhige Zeiten kommen. Denn die Frage der erneuten Nominierung wird an der Parteibasis entschieden, und wer da vernünftig verankert ist, hat dort eine gute Chance. (Fraktionsführung)

Nur ein Experte beobachtet, dass man keine lokale Absicherung benötige, wenn man „hoch" in den Bundestag einsteige, sondern sich in dem Fall auf die parteipolitische Unterstützung verlassen könne.

In der Frage der lokalen Absicherung – des Aufbaus eines eigenen Wahlkreises – ist wiederum ein deutlicher Unterschied zwischen Fremd- und Eigenwahrnehmung festzustellen. Während die *Seiteneinsteiger* ihre Absicherung via Wahlkreisarbeit mehrheitlich ablehnen, gehen Fraktionsführungen und Parlamentsexperten davon aus, dass dies auch bei diesem Karrieretyp etablierte Praxis ist. Eine Schwierigkeit mag dabei in der Formulierung des Begriffs „lokale Absicherung" liegen, der bei den *Seiteneinsteigern* negativ behaftet ist[22].

---

22 Die Frage lautete: *In Untersuchungen über Parlamentarier, die keine langjährige Erfahrung in lokalen Parteigremien haben, wird berichtet, dass Seiteneinsteiger nach Übernahme ihres Mandats sich darum bemühen, sich „lokal abzusichern". Sie suchen sich einen Wahlkreis und lassen sich in lokale und regionale Parteigremien wählen. Haben Sie ähnliches nach Aufnahme Ihres Mandats auch unternommen?*

Reformbedarf

Eine weitere zentrale Frage ist, ob für das deutsche parlamentarische System ein Reformbedarf insbesondere in Bezug auf das Wahlsystem besteht. Wie wir weiter oben gesehen haben, wünschen *Seiteneinsteiger* und Parlamentsexperten eher eine Reform des Kandidatenauswahlprozesses; die Gruppe der Fraktionsführer und der *Parteiochsentourler* ist geteilter Meinung. Insbesondere die Experten aus der Wissenschaft schlagen detailliertere Ideen vor, wie *Seiteneinsteiger* besser akquiriert werden könnten. Die in den Interviews gemachten Vorschläge zur Reform betreffen vor allem den Wunsch, den Auswahlprozess zu demokratisieren und die Wähler miteinzubeziehen, sowie eine stärkere Personalisierung des Wahlrechts (in Form offener Listen oder eines Mehrheitsprinzips), das Persönlichkeiten stärken und Parteien schwächen würde.

Ich würde mehr Möglichkeiten der Personalisierung eröffnen. Ich glaube, dass es da einen großen Bedarf seitens der Wähler gibt, selbst darüber zu entscheiden, wer da tatsächlich sitzt. Denn momentan ist es ja noch so, dass sehr viel über die Parteilisten entschieden wird. Durch eine stärkere Personalisierung könnte dazu beigetragen werden, dass die Beziehung zwischen Wählern und Gewählten stärker wird. Man könnte z. B. statt geschlossenen Listen offene Listen einführen oder statt Listen größere Wahlkreise mit mehreren zu wählenden Abgeordneten, so dass kleinere Parteien trotzdem eine Chance hätten. Eine weitere Möglichkeit wäre ein Präferenzstimmrecht, also wo die Wähler mehrere Stimmen mit unterschiedlichem Gewicht haben (erste Präferenz, zweite usw.), was unter Repräsentationsgesichtspunkten günstig wäre. Es würden Politiker gewählt, die eine stärkere Legitimation durch ihre Wähler hätten und weniger abhängig von ihren Parteien wären, die dann voraussichtlich auch unabhängiger von ihrer Partei agieren würden und die Positionen ihrer Partei im Gegensatz zu heute eher hinterfragen würden. (Parlamentsexperte)

Mir scheint, dass eine Vorwahl der einzige Weg ist. So wie die bisherige Nominierungspraxis ist, gibt es ein unüberwindliches Interesse derer, die sich seit langem in der Partei betätigen, die erreichbaren Posten untereinander zu verteilen. Je geringer die Stimmenanteile der etablierten Parteien werden, umso weniger Chancen gibt es, dass man die wenigen Plätze, die einem zufallen, an Seiteneinsteiger vergibt. (Parlamentsexperte)

Selbst wenn die Parteien sich immer mehr auslichten, ist es nach wie vor so, dass nur die Partei einen auf einen aussichtsreichen Platz bei der Kandidatur bringen kann; dadurch haben nur jene Chancen, die in früheren Jahren anfangen, sich in Parteien zu engagieren. Das sind aber gerade jene, die sich beruflich keine sonderlich große Mobilität leisten können, denn wer seinen Studienort zwei- bis dreimal wechselt, dann auch noch einige Zeit im Ausland verbringt und als mobile Elite seinen Weg quer durch verschiedene Länder macht – oder durch die Länder der Bundesrepublik Deutschland –, der hat nirgendwo eine feste Parteibasis; und das heißt, die Menge derer, die überhaupt ins politische, parlamentarische Leben hineinkommen, ist unter den bestehenden Bedingungen extrem dünn. Zweitens muss der Weg in eine parlamentarische Laufbahn in sehr jungen Jahren begonnen werden, einerseits weil man das erwartet und weil hinlänglich viele Leute einen solchen Weg anstreben, so dass jemand, der bis Mitte 30 wartet, der findet überall Leute, die schon zehn, 15 Jahre eher angefangen haben, sich parteipolitisch zu betätigen, und die folglich am Zuge sind. [...] Wir sind auf dem Weg dazu, dass wir viele Abgeordnete haben, die im Grund nichts anderes gelernt haben als die Technik des Politikmachens. (Parlamentsexperte)

Ich dränge darauf, dass nur Leute mit einer abgeschlossenen Berufsausbildung und gewisser Lebenserfahrung aufgestellt werden sollten, allerdings ist der Bundestag eben nach der gesellschaftlichen Zusammensetzung aufzustellen. Es ist schwer zu sagen; es muss eine gute Mischung sein, die Listenaufstellung hat ihre Berechtigung, um auch nach einer gewissen Vorauswahl nach Kompetenzen aufstellen zu können. (Fraktionsführung)

Damit wird der Handlungsbedarf vor allem auf Seiten der Politik und Parteien gesehen. Mögliche Reformvorschläge beziehen sich also vor allem auf eine Reform des Wahlrechts, das eine stärkere Personalisierung erlauben soll. Ebenso wird der Wunsch nach Parlamentariern mit mehr Berufserfahrung geäußert, die bei Nominierungen berücksichtigt werden sollten.

Herausforderungen für *Seiteneinsteiger*

Wertvolle Einsichten versprachen wir uns auch von den persönlichen Erfahrungen der *Seiteneinsteiger* im Bundestag, so dass wir sie direkt nach ihren größten Herausforderungen befragten. Nach Ansicht der 24 *Seiteneinsteiger* in unserer Erhebung sind die Herausforderungen zum einen die Vereinbarung von Beruf, Familie und Mandat und zum anderen der Anspruch, die Rolle als MdB vom ersten Tag an voll auszufüllen (je 4 von 24, 17 Prozent), gefolgt vom (damit in Verbindung stehenden) Übergang vom Beruf ins Mandat und von der hohen Komplexität der Themen (je 3 von 24, 13 Prozent). Weiter werden zweimal (8 Prozent) die große Vielfalt der Themen, die schweren Entscheidungen und die schwierige Umsetzung der eigenen Agenda genannt. Netzwerke, Medien, Strukturen in der Fraktion werden nur je einmal erwähnt (je 4 Prozent).

Wo setzt man an, um etwas erreichen zu können? Wie kann man Positionen in der Fraktion, Landesgruppe erreichen? Wie leiste ich substantielle Beiträge, die auch in der Fraktion erhört werden? (Seiteneinsteiger)

[Herausforderungen?] Die Entscheidungen, die ich treffen muss; bei Afghanistan oder Energiewende geht es um Menschenleben und Kosten für Bürger; direkt nach Übernahme des Mandats waren organisatorische Themen die größte Herausforderung; dank der guten Mitarbeiter aber kein Problem. (Seiteneinsteiger)

Freunde und Familie mit der Politik zu vereinbaren ist eine ständige Herausforderung, die sich aber lohnt. (Seiteneinsteiger)

Den Übergang von der Berufswelt zum politischen Mandat zu schaffen, das Berufsleben abzuschließen oder zumindest ruhen zu lassen und das Leben zu ordnen. Ich bin ja selbstständig, da ist das nicht so einfach. Es werden natürlich neue Fähigkeiten gebraucht und man fängt wieder an, Schulungen zu machen. Es gibt z. B. von der Partei Medienschulung, Rhetorikschulungen, Englischkurse, Führungskurse – da gibt es einen großen Schulungsbedarf, was man am Anfang gerne mitnimmt. Man bemüht sich um andere Fachkenntnisse. (Seiteneinsteiger)

Sich schnell an den neuen Arbeitsalltag zu gewöhnen, eine Person des öffentlichen Lebens zu sein, zwei Wohnsitze zu haben, sich bekannt machen zu müssen, die hohen Anforderungen. Sofort die Rolle des MdB vom ersten Tag ausfüllen zu müssen, bzw. dieser Erwartung gerecht zu werden. (Seiteneinsteiger)

Das umzusetzen, das ich umsetzen wollte. (Seiteneinsteiger)

100h Arbeit die Woche, viel lesen. (Seiteneinsteiger)

Die größten Schwierigkeiten für *Seiteneinsteiger* werden vor allem in der Arbeitsbelastung und dem Verständnis für die langsamen Politikprozesse gesehen. So erachten auch die *Ochsentourler* nach der Balance zwischen Berlin und Wahlkreis (4 von 12, 33 Prozent) das Verstehen der komplexen Abläufe in Fraktion und Bundestag (3 von 12, 25 Prozent) am häufigsten als Herausforderung. Ähnlich sehen auch Fraktionsführungen und Parlamentsexperten das Politikerdasein als durchaus kritisch oder herausfordernd an:

Manche verzweifeln an den Mühlen der Politik. Politik ist das Bohren dicker Bretter und man braucht Geduld und einen langen Atem. Es ist auch einfacher, gegen etwas als für etwas zu sein. Für manche ist es auch ein Bedeutungsverlust: Dort, wo sie herkommen, waren sie der Star in der ersten Reihe, und in der Politik ordnen sie sich erst einmal unter, das ist für manche nicht leicht zu verkraften. (Fraktionsführung)

Empfehlungen für *Seiteneinsteiger*

Befragt man die *Seiteneinsteiger* nach Ratschlägen für zukünftige Kollegen, um mit den genannten Schwierigkeiten besser umgehen zu können, so raten sie ihren Kollegen vor allem, sich auf wenige politische Anliegen zu konzentrieren (5 von 24, 21 Prozent) und sich in einem Fachbereich zu profilieren (4 von 24, 17 Prozent). Weitere Mehrfachnennungen beinhalten den Aufbau eines im Bundestag erfahrenen Mitarbeiterstabs (3 von 24, 13 Prozent), die Wahrung der Unabhängigkeit, wirtschaftlich wie inhaltlich, sowie den raschen Aufbau von Netzwerken (je 2 von 24, 8 Prozent). Nimmt man die Empfehlungen von Fraktionschefs und Mitgliedern der Verwaltung hinzu, fällt zusätzlich der Tipp auf, schnell prozedurale Kenntnisse über die Abläufe im Bundestag nachzuholen (2 von 33, 6 Prozent). Es wird auch empfohlen, den Schritt ins Parlament wegen der hohen Belastung sehr gut zu erwägen und eventuell davon abzusehen. Weiter wird zu Basisbezug und Wahlkreisarbeit geraten (ebenfalls je 6 Prozent).

Die Ratschläge, die *Seiteneinsteiger* ihren Kollegen geben, beziehen sich in erster Linie auf die Informationsflut und die Arbeitsbelastung:

Ich würde wirklich die Empfehlung geben, [...] sich wenig vorzunehmen, sich von Anfang zu konzentrieren, sich zu überlegen, auf was konzentriere ich mich. Mehrheiten zu bildenbilden ist ein relativ komplexer Prozess, der Zeit erfordert. Und wenn man dann auf zu vielen Hochzeiten tanzt, kann das schwierig werden. Also, man übernimmt sich relativ schnell. Jemand, der schon viel Parteigremienerfahrung hat, der wird vorher klüger sein. (Seiteneinsteiger)

Wegschmeißen, löschen, solides Maß an Selbstsicherheit; zu Lücken stehen und dazulernen können und wollen; Austausch mit anderen Fraktionskollegen ist möglich. (Seiteneinsteiger)

Sich die Prinzipien, die sich im Berufsleben bewährt haben, beibehalten, solide Arbeit machen, nicht zu viel machen, dafür fundiert sein, gutes und hohes Arbeitsniveau halten (zählt aber auch im Berufsleben). (Seiteneinsteiger)

Bezüglich der Forderung nach umfassender Expertise raten die *Seiteneinsteiger* zu Komplexitätsreduktion und fachlicher Konzentration:

Ich habe gute Mitarbeiter (ich konnte Mitarbeiter übernehmen); man muss auch Mut zur Lücke haben; man muss auf Anfragen schon eigene Antworten finden und persönlich argumentieren; keine Parteiphrasen wiedergeben, aber in Abstimmung mit Parteilinie; ich muss/kann mich nicht zu allem äußern; sage auch offensiv, dass ich in bestimmten Bereichen kein Experte bin. (Seiteneinsteiger)

Klare Profilierung in einem bestimmten Fachbereich, ohne Fachidiot zu werden. Vernetztes Denken in alle Politiksektoren hinein. Aber man muss sich klar für zwei, drei Politikbereiche entscheiden, die man intensiv verfolgt. Nur dann kann man Erfolg haben. Dieser Erfolg ist dann das Sprungbrett und zwingend notwendig für weitere Tätigkeiten und insbesondere die Wiederwahl. (Seiteneinsteiger)

Mit Blick auf die persönliche Haltung und Entwicklung empfehlen *Seiteneinsteiger* ihren Kollegen, sich um ein stabiles privates Umfeld zu bemühen und das Amt auch als Privileg zu begreifen, ohne sich deswegen zu verbiegen:

Früh beginnen zu netzwerken und den Kontakt zur Fraktionsspitze suchen; erfahrene Mitarbeiter suchen; Wohnung in Stadtmitte suchen. (Seiteneinsteiger)

Ihre Unabhängigkeit, sowohl geistig als auch wirtschaftlich, nicht aufgeben; um eben frei in der eigenen Entscheidung zu sein, auch gegenüber der eigenen Fraktion. (Seiteneinsteiger)

Aufpassen, nicht abzuheben, man darf die Sprache der Leute nicht verlernen und muss auf Augenhöhe bleiben auch mit Hartz 4-Empfängern. (Seiteneinsteiger)

Ein stabiles privates Umfeld ist hilfreich, da sehr arbeitsintensiv, man sollte Rückkehr in den vorherigen Beruf gut organisieren. (Seiteneinsteiger)

In konstruktiver Demut das Mandat annehmen; erkennen, dass man hochprivilegiert ist; Bescheidenheit und Lernbereitschaft; nicht nur über Reisen reden, sondern sie durchführen, um zu lernen, wie andere ticken. (Seiteneinsteiger)

Sich seinen Vorteilen gegenüber den ‚Parteisoldaten' bewusst werden. Die da wären: Nähe zur Gesellschaft, Berufserfahrung, Kenntnis des Alltags eines normalen Bürgers. (Seiteneinsteiger)

Sich nicht demotivieren lassen; die Spezifik des parlamentarischen Betriebs nicht als Einschränkung oder hinderlich begreifen, sondern Andersartigkeit annehmen; den eigenen Kopf bewahren, den man aufgrund seiner Erfahrung hat. (Seiteneinsteiger)

Bleibt, wie ihr seid. (Seiteneinsteiger)

Die Fraktionsführungen ihrerseits legen *Seiteneinsteigern* nahe, zunächst neugierig die Prozesse im Bundestag kennenzulernen und sich früh untereinander zu vernetzen, dann aber durchaus im Bewusstsein ihrer Eigenheit zu agieren:

Sich zunächst nicht zu sehr in den Vordergrund spielen und so tun, als wolle man gleich die neue Nummer 1 sein. Zweitens: Genau beobachten, wie die Prozesse und Strukturen ablaufen. Drittens: In ihrer Arbeitsgruppe hohen Einsatz und Engagement zeigen, auch wenn einem die Thematik zunächst nicht so zusagt. (Fraktionsführung)

Dasselbe, was jeder Neuling tun muss: neugierig sein, beobachten, Meinungsaustausch pflegen, Ratschläge einholen; keine Spezifika für Seiteneinsteiger. (Fraktionsführung)

Also, ich würde ihnen immer empfehlen, nicht zu ehrerbietig auf jene zu schauen, die schon lange dabei sind, weil dann werden sie zu schnell zu ähnlich. Sie müssen ihre Eigenständigkeit bewahren und das Handwerkliche lernen. Und beim Handwerk müssen sie sich unterstützen lassen, aber ihre Sicht einbringen. Und wenn sie dann das richtige Verhältnis entwickeln, auf der einen Seite inhaltlich zu agieren, ohne die Fraktion zu nerven, das ist wichtig. [...] Dann würde ich ihnen noch einen Rat geben, ich würde mich am Anfang mit Leuten treffen, die auch Seiteneinsteiger sind, und dann schrittweise mit den anderen. Erst mit denen, damit man stärker ist, weil einzeln ist man immer ein bisschen schwach, und dann kannst du die anderen hinzuziehen, und dann kannst du filtern zwischen Dingen, die du wirklich lernen musst, weil sie handwerklich erforderlich sind, und Dingen, wo du sagst, der ist ja schon ein bisschen verkorkst, der ist so lange hier in dem Laden drin, das sehe ich mal anders, und so. Und dann kann eine vernünftige Mischung entstehen. (Fraktionsführung)

Ich rate niemandem dazu, Berufspolitiker zu werden – das ist einer der risikoreichsten Berufe überhaupt, mit der Aufgabe der eigenen Anonymität, mit der ständigen Möglichkeit, im Wiederaufstellungs-/Wiederwahlprozess zu verlieren. Kein Kündigungsschutz usw., das muss man sich gut überlegen! (Fraktionsführung)

Zusammenfassend beziehen sich die Ratschläge der *Seiteneinsteiger* an ihre Kollegen desselben Karrieretyps vor allem auf die Bewältigung der Arbeitsmenge und der Expertiseanforderung, die von der Außenwelt gestellt wird. Ebenso wird die große menschliche Herausforderung an die Persönlichkeit festgestellt und davor gewarnt, sich zu sehr zu verbiegen bzw. sich zu stark dem Politikbetrieb anzupassen.

An den hier vorgestellten Einschätzungen zu den Problemen, Herausforderungen und Ansichten der *Seiteneinsteiger* fällt auf, dass die Aufnahme eines Mandats als eine große Herausforderung gilt, die von *Seiteneinsteigern*, ihren Kollegen, Vorsitzenden sowie den Experten ernstgenommen und respektvoll betrachtet wird. Die *Seiteneinsteiger* selbst sehen die Aufgaben zwar als herausfordernd an, jedoch scheinen sie diese durchaus zu bewältigen, mit dem entsprechenden Arbeitseinsatz wie bei anderen Berufswechseln auch. Dies mag an einer sehr positiven Selbstwahrnehmung liegen, könnte aber auch in einer Einstellung begründet sein, die *Seiteneinsteiger* mitbringen, zumal sie spät in ihrer Karriere noch einen Neuanfang in einem anderen gesellschaftlichen Bereich wagen.

Zusammenfassung

In der vorliegenden Studie analysieren wir in einem ersten Teil fast 600 Biografien der aktuellen Abgeordneten des Deutschen Bundestags. Dabei legen wir besonderes Augenmerk auf *Seiteneinsteiger*. Im Rahmen der wissenschaftlich-deskriptiven Untersuchung haben wir:

- die Lebensläufe der Mitglieder des aktuellen Bundestags systematisch quantitativ analysiert;
- dabei verschiedene Karrieremuster identifiziert und die Parlamentarier entsprechend dieser Muster klassifiziert;
- diese verschiedenen Gruppen charakterisiert, insbesondere im Hinblick auf vorherige Führungs- und Auslandserfahrung sowie auf Abstimmungsverhalten und die Übernahme von Funktionen in Fraktion und Parlament;
- insgesamt über 70 persönliche Tiefeninterviews mit Politikern, Wissenschaftlern, Vertretern der Wirtschaft und Journalisten durchgeführt, um mehr über die Situation, Motivation, Sichtweise und Wahrnehmung von *Seiteneinsteigern* im Bundestag zu erfahren.

Auf dieser Grundlage kommen wir zum Ergebnis, dass sich die Mitglieder des Bundestags – ausgehend von ihrem vorparlamentarischen politischen Werdegang – in sechs Gruppen einteilen lassen:

- **Seiteneinsteiger (10 Prozent):** Später Parteieintritt, geringes vorheriges Engagement auf lokaler Ebene, schneller Aufstieg in den Bundestag.
- **Local Heroes (17 Prozent) und Parteikarrieristen (11 Prozent):** Langes Engagement in der Politik (Stichwort „Ochsentour"), entweder in lokalen öffentlichen Ämtern oder in Parteifunktionen.
- **Junge Karrieristen (25 Prozent):** Frühes Engagement in der Politik, schneller Aufstieg und früher Einzug in Bundestag meist über Landeslisten.
- **Ostdeutsche (12 Prozent):** Typisch ostdeutsche politische Karrieren, (notgedrungen) später Eintritt in die Politik und schneller Aufstieg in den Bundestag; dadurch auch Seiteneinstiegs-Merkmale.

- **Normalos (25 Prozent):** Referenzgruppe, welche bezüglich Anzahl und Dauer in allen politischen und Parteiämtern Durchschnittswerte des gesamten Bundestags aufweist.

Weiterführend haben wir Einstellungen, Ansichten und Verhalten der verschiedenen Karrieretypen eruiert. Wir gelangen mit Blick auf die *Seiteneinsteiger* zu folgenden Erkenntnissen:

- *Seiteneinsteiger* verfügen im Vergleich mit den anderen Karrieremustern über überdurchschnittlich viel Auslandserfahrung und Führungserfahrung in der Privatwirtschaft. Die Frauenquote von über 50 Prozent ist die höchste aller Gruppen.
- Besonders die Fraktionsführungen schätzen *Seiteneinsteiger* für ihre Erfahrung und ihre fachliche Expertise. Diese Sicht fügt sich zum Selbstverständnis vieler von uns befragter *Seiteneinsteiger*, die das Einbringen ihrer Berufserfahrung als wichtige Motivation für den Einstieg in die Politik sehen.
- In ihrem Selbstverständnis orientieren sich *Seiteneinsteiger* eher an den Bürgern allgemein als an den Wählern in ihrem Wahlkreis; sie sind aber auch bereit, Parteiinteressen zu berücksichtigen: *Seiteneinsteiger* haben zwar ein bürgernahes Verständnis von Demokratie und politischer Partizipation, akzeptieren aber (auch im Hinblick auf ihre Karriere) innerparteiliche Führungsstrukturen.
- *Seiteneinsteiger* sind in wahlkreisorientierten Ausschüssen unterdurchschnittlich, in wichtigen Ausschüssen des Bundestags aber durchschnittlich oft vertreten.
- *Seiteneinsteiger* sind mit der großen Herausforderung konfrontiert, fehlende Netzwerke und politische Erfahrung schnell aufholen zu müssen. Fraktionschefs und Experten erachten diese fehlende politische Sozialisation als größten Nachteil von *Seiteneinsteigern*. In der Arbeit in Fachausschüssen spielt dieses Manko aber keine Rolle, weil mangelnde politische Erfahrung hier durch Erfahrung aus dem Beruf kompensiert wird.
- *Seiteneinsteiger* selbst sehen in ihrer fehlenden politischen Sozialisation überwiegend kein großes Problem; sie sind oft der Meinung, unter anderem durch ihre außerparlamentarische Erfahrung gut auf den Bundestag vorbereitet zu sein und gegenüber den anderen Gruppen keine großen Nachteile zu haben. Sie unterscheiden sich damit in ihrer Eigenwahrnehmung von der Wahrnehmung durch ihre Kollegen.

- In ihrem Abstimmungsverhalten sind *Seiteneinsteiger* eher parteikonform als stärker lokal verwurzelte Gruppen. Auf einer Links-Rechts-Skala weichen sie ideologisch nicht signifikant von der Parteiposition ab.
- *Seiteneinsteiger* sind weniger erfolgreich im Erreichen von Ämtern in Parlament und Fraktion. Dieser Befund wird von Parteiexperten bestätigt, die *Seiteneinsteiger* im parteiinternen Wettbewerb im Nachteil sehen. Dazu kommt, dass *Seiteneinsteiger* ihre Zukunft im Gegensatz zu vielen „Berufspolitikern" nicht unbedingt im Parlament sehen und dem Wettkampf um Ämter deshalb weniger Bedeutung beimessen.
- Für die Nominierung von *Seiteneinsteigern* ist die Unterstützung auf Gemeinde- und Landesebene entscheidend; die nationale Fraktionsführung nimmt keinen Einfluss. Im Gegensatz zu anderen Ländern wie Frankreich oder den USA kommen *Seiteneinsteiger* in Deutschland daher eher ‚von unten' und werden nicht ‚von oben' eingesetzt.
- *Seiteneinsteiger* suchen nach ihrem Eintritt ins Parlament engen Kontakt zu den Wählern. Viele von ihnen fühlen sich den Bürgern aufgrund ihrer außerhalb der Politik gemachten Erfahrungen näher als andere Karrieretypen. Nach Angaben der befragten *Seiteneinsteiger* steht ihre Bürgernähe, nicht aber die lokale Absicherung der Wiederwahl im Vordergrund dieses Wählerkontakts; dem widersprechen Experten und Fraktionschefs, die eine taktische Motivation vermuten.

Ausblick

Bemerkenswert an dieser Studie zu *Seiteneinsteigern* ist nicht nur die systematische Identifizierung von *Seiteneinsteigern*, sondern auch die Bestimmung von weiteren Karrieretypen, die bisher häufig vermutet, aber selten genau spezifiziert wurden: zum Beispiel *Junge Karrieristen*, *Local Heroes* und *Parteiochsentourler*. Wir können zum einen zeigen, dass diese Karrierewege voneinander und von einer durchschnittlichen Karriere wie der der *Normalos* abgrenzbar sind. Zum anderen liefern die unterschiedlichen Karrierewege eine wertvolle Erklärung für die unterschiedlichen Einstellungen, das Abstimmungsverhalten und das Weiterkommen von Politikern innerhalb des Parlaments. Unsere Analyse macht auch deutlich, dass die verschiedenen Karrieretypen unterschiedliche Repräsentationsvorstellungen haben und im parlamentarischen Betrieb unterschiedliche Rollen spielen. Es ist somit berechtigt, von *Seiteneinsteigern* eine andere Expertise und andere Sichtweisen zu erwarten als von *Local Heroes* oder *Jungen Karrieristen*. Gleichzeitig zeigen wir aber auch, dass *Seiteneinsteiger* in Verhalten und Einstellungen recht fraktionstreu sind, da sie weniger stark lokal verankert sind als etwa die *Local Heroes*, deren Wiederwahl wiederum stärker von den lokalen Wählern als von der Parteispitze abhängt.

Die Forderung nach mehr *Seiteneinsteigern* im Deutschen Bundestag, die in den Medien und verschiedenen gesellschaftlichen Kreisen immer wieder geäußert wird, drückt einen Wunsch nach mehr Expertise und Professionalität im Parlament aus. Dies spiegelt mutmaßlich die Anforderungen einer immer komplexeren und technologisch anspruchsvolleren globalisierten Gesellschaft. Allerdings garantiert die demokratische Rechtsordnung in der Bundesrepublik, dass Parlamentarier Wählerwünsche berücksichtigen und parteilich stark verankert bleiben, so dass *Seiteneinsteiger* nur in enger Kooperation mit Parteien eine Chance auf ein Mandat haben.

Sofern *Seiteneinsteiger* bereit sind zu kandidieren, sehen sie sich innerhalb der Parteien einem harten Wettbewerb mit bewährten Kandidaten ausgesetzt. Im Gegensatz zu Parteiämtern auf Orts-, Bezirks- und Landesebene ist der Andrang auf die Bundestagsmandate jeweils sehr hoch. Nach wie vor erachten viele Bürger eine bundesparlamentarische Karriere als attraktiv; der Wunsch nach gesellschaftlichen Gestaltungsmöglichkeiten auf hohem Niveau überwiegt offenbar die Angst vor Belastung und beruflicher Unsicherheit nach dem Mandat. Unter den letztlich gewählten Kandidaten ist der Anteil derjenigen mit einer langen Parteikarriere sehr hoch, wie wir zeigen, so dass die Frage berechtigt ist, ob mehr Vertreter einer weniger parteigremienorientierten Karriere eine sinnvolle Ergänzung im Bundestag wären.

In den Interviews mit Fraktionsführern und Parlamentsexperten wurde deutlich, dass die Förderung eines bestimmten Karrieretypus – z. B. der *Seiteneinsteiger* – sehr anspruchsvoll ist: Aufgrund der lokalen und regionalen Nominierung der Kandidaten können *Seiteneinsteiger* im Bundestag nicht etwa wie Minister in einer Regierung von außen eingesetzt werden, sie müssen immer den Weg über Wahlkreise, Nominierungsveranstaltungen und lokale Parteigremien wählen, um ein Mandat zu gewinnen.

Besteht jedoch der vermehrte Wunsch, die Zusammensetzung des Bundestags zu ändern und mehr *Seiteneinsteiger* ohne Bewährungsaufstieg zu fördern, so wäre etwa die Forderung nach nationalen Parteilisten denkbar, auf denen *Seiteneinsteigern* der Eintritt ins Parlament erleichtert würde. Ein weniger drastisches und leichter umsetzbares Instrument wäre eine Vormerkung von Landeslistenplätzen für Personen, die sich bisher nicht auf dieser Liste zur Wahl gestellt haben. Diese Maßnahmen könnten durch spezielle Förder- und Mentoringprogramme ergänzt werden, die zum Ziel haben, die Übergangsphase zu erleichtern. Bezüglich des Austritts aus dem Bundestag wäre zu diskutieren, ob Übergangsgelder so gestaltet werden sollten, dass sie eine Rückkehr in den Beruf realistisch erscheinen lassen.

Die vorliegende Studie ist im Rahmen einer Diskussion zum Wunsch nach mehr *Seiteneinsteigern* im Deutschen Bundestag entstanden. Sie soll in erster Linie einen wissenschaftlich erarbeiteten Startpunkt für diese Debatte und die Entwicklung von Reformvorschlägen bieten. Während die Autoren der Studie sich bei der Bewertung der *Seiteneinsteiger* und anderer Karrieretypen zurückhalten, sind erwähnte Kreise stärker daran interessiert, potentielle *Seiteneinsteiger* zu motivieren und zu fördern. Ein Runder Tisch mit Bundestagsabgeordneten und Vertretern aus Wirtschaft und Parteien in Berlin im Januar 2013 war ein erster Schritt, die in diesen Untersuchungen gewonnenen Erkenntnisse zu erörtern und in einen gesellschaftlichen Diskussionsprozess einfließen zu lassen[23]. Weitere Veranstaltungen in ähnlicher Form sind geplant.

---

23 Mehr Informationen zu dieser Veranstaltung finden sich auf der Webseite des Studentenforums des Tönissteiner Kreises e.V.: www.toenissteiner-studentenforum.de.

Aus demokratietheoretischer Perspektive ist es nicht einfach, eindeutige Aussagen zu machen, welcher Karrieretypus für eine funktionierende parlamentarische Demokratie in einer globalisierten und komplexer werdenden Gesellschaft wünschenswert ist. Sicherlich ist es erstrebenswert, Wissensressourcen aus der Wirtschaft, Auslandserfahrung oder bestimmte professionelle Expertise im Parlament vertreten zu wissen. Dabei darf jedoch der Wert der *Parteiochsentourler* und der *Local Heroes* nicht unterschätzt werden, die sich in ihrem Bewährungsaufstieg vielen Auswahlprozessen stellen mussten und weitreichende Kenntnisse über politische Wünsche und Ansichten der Bürger besitzen. *Jungen Karrieristen* wiederum mag Berufserfahrung fehlen, aber als jüngste Abgeordnete können sie einer Überalterung des Parlaments entgegenwirken. Um eine möglichst gründliche und breite Diskussion von politischen Anliegen im Bundestag zu gewährleisten, dürfte eine gute Durchmischung und angemessene Vertretung aller Karrieretypen entscheidend sein.

Literatur

Abbott, A. (1995). Sequence analysis: New methods for old ideas. *Annual Review of Sociology* 21, 92-113.
Abbott, A., & Tsay, A. (2000). Sequence Analysis and Optimal Matching Methods in Sociology: Review and Prospects. *Sociological Methods & Research* 29(1): 3-33.
Agresti, A., & Coull, B. A. (1998). Approximate is better than 'exact' for interval estimation of binomial proportions. *American Statistician* 52(2): 119-126.
Badura, B., & Reese, J. (1976). *Jungparlamentarier in Bonn. Ihre Sozialisation im Deutschen Bundestag*. Stuttgart: Frommann-Holzboog.
Baur, N. (2005). *Verlaufsmusteranalyse: methodologische Konsequenzen der Zeitlichkeit sozialen Handelns*: VS Verlag.
Benedetto, G., & Hix, S. (2007). The Rejected, the Dejected and the Ejected: Explaining Government Rebels in the 2001-2005 British House of Commons. *Comparative Political Studies* 40(7): 755-781.
Best, H., & Cotta, M. (2000). *Parliamentary Representatives in Europe*. Oxford: Oxford University Press.
Best, H., Hausmann, C., & Schmitt, K. (2000). Challenges, Failures, and Final Success: The Winding Path of German Parliamentary Leadership Groups towards a Structurally Integrated Elite 1848-1999. In Best, H. & M. Cotta (Hrsg.), *Parliamentary Representatives in Europe*. Oxford: Oxford University Press, 138-195.
Best, H., & Jahr, S. (2006). Politik als prekäres Beschäftigungsverhältnis: Mythos und Realität der Sozialfigur des Berufspolitikers im wiedervereinten Deutschland. *Zeitschrift für Parlamentsfragen* (1): 64-79.
Beyme, K. (1992). Der Begriff der politischen Klasse – Eine Neue Dimension der Elitenforschung? *Politische Vierteljahresschrift* 33: 4-32.
– (1993). *Die politische Klasse im Parteienstaat*. Frankfurt: Suhrkamp.
– (1996). The Concept of Political Class. *West European Politics* 19: 68-87.
Borchert, J. (1999). Politik als Beruf: Die politische Klasse in westlichen Demokratien. In Borchert, J. & J. Zeiß (Hrsg.), *Politik als Beruf – Die politische Klasse in westlichen Demokratien*: Leske+Budrich, 7-39.
– (2010). *Ambition and Opportunity in Federal Systems: The Political Sociology of Political Career Patterns in Brazil, Germany, and the United States*. Paper presented at the Annual Meeting of the American Political Science Association.
Borchert, J., & Golsch, L. (1999). Deutschland: Von der "Honoratorienzunft" zur politischen Klasse. In Borchert, J. & J. Zeiß (Hrsg.), *Politik als Beruf – Die politische Klasse in westlichen Demokratien*: Leske+Budrich, 114-140.
– (2003). Germany: From 'Guilds of Notables' to Political Class. In Borchert, J. & J. Zeiß (Hrsg.), *The Political Class in Advanced Democracies*. Oxford: Oxford University Press.

Borchert, J., & Stolz, K. (2003). Die Bekämpfung der Unsicherheit: Politikerkarrieren und Karrierepolitik in der Bundesrepublik Deutschland. *Politische Vierteljahresschrift* 44(2): 148-173.

Börnsen, W. (2006). *Vorbild mit kleinen Fehlern. Abgeordnete zwischen Anspruch und Wirklichkeit.* Königswinter: Siegler.

Bowler, S., Farrell, D. M., & Katz, R. S. (1999). Party Cohesion, Party Discipline, and Parliaments. In Bowler, S., D. M. Farrell & R. S. Katz (Hrsg.), *Party Discipline and Parliamentary Government.* Columbus: Ohio State University Press, 3-22.

Brüderl, J., & Scherer, S. (2004). Methoden zur Analyse von Sequenzdaten. *Kölner Zeitschrift für Soziologie und Sozialpsychologie, Sonderheft* 44: 330-347.

Brzinsky-Fay, C., Kohler, U., & Luniak, M. (2006). Sequence analysis with Stata. *Stata Journal* 6(4): 435.

Bülow, M. (2010). *Wir Abnicker. Über Macht und Ohnmacht der Volksvertreter.* Berlin: Econ.

Burke, E. (1770/1889). Thoughts on the present discontents. In Burke, E., *The Works of the Right Honourable Edmund Burke.* Boston: Little Brown und Co., 433-551.

Carey, J., & Shugart, M. (1995). Incentives to Cultivate a Personal Vote: A Rank Ordering of Electoral Formulas. *Electoral Studies* 14(4): 417-439.

Carey, J. M. (2007). Competing principals, political institutions, and party unity in legislative voting. *American Journal of Political Science* 51(1): 92-107.

Cotta, M., & Best, H. (2000). Between Professionalization and Democratization: A Synoptic View on the Making of the European Representative. In Best, H. & M. Cotta (Hrsg.), *Parliamentary Representatives in Europe.* Oxford: Oxford University Press, 493-526.

– (2007). *Democratic Representation in Europe: Diversity, Change, and Convergence.* Oxford: Oxford University Press Oxford.

Cox, G. W., & McCubbins, M. D. (1994). *Legislative Leviathan: Party government in the House.* Berkeley: University of California Press.

Depauw, S., & Martin, S. (2009). Legislative Party Discipline and Cohesion in Comparative Perspective. In Giannetti, D. & K. Benoit (Hrsg.), *Intra-Party Politics and Coalition Governments.* New York: Routledge, 103-120.

Detterbeck, K. (2011). Party Careers in Federal Systems. Vertical Linkages within Austrian, German, Canadian and Australian Parties. *Regional and Federal Studies* 21(2): 245-270.

Edinger, M. (2006). *Making Sense of Parliamentary Careers in the European Multi-Level-System.* Paper presented at the 20th World Congress of the International Political Science Association.

Eulau, H., Wahlke, J. C., Buchanan, W., & Ferguson, L. (1959). The Role of the Representative: Some Empirical Observations on the Theory of Edmund Burke. *American Political Science Review* 53(3): 742-752.

Fiers, S., & Secker, I. (2007). A Career through the Party: The Recruitment of Party Politicians in Parliament. In Cotta, M. & H. Best (Hrsg.), *Democratic representation in Europe: diversity, change, and convergence.* Oxford: Oxford University Press, 136-159.

Gruber, A. K. (2009). *Der Weg nach ganz oben: Karriereverläufe deutscher Spitzenpolitiker.* Wiesbaden: VS Verlag.

Heidar, K., & Koole, R. (2000). Approaches to the study of parliamentary party groups. In Heidar, K. & R. Koole (Hrsg.), *Parliamentary Party Groups in European Democracies. Political parties behind closed doors.* London, New York: Routledge, 4-22.

Heinz, D. (2010). Mandatstypen und Ausschussmitgliedschaften der Mitglieder des Deutschen Bundestags – Eine empirische Untersuchung von 1949 bis 2005. *Zeitschrift für Parlamentsfragen* 41(3): 518-527.

Literatur

Herzog, D. (1975). *Politische Karrieren – Selektion und Professionalisierung politischer Führungsgruppen*. Opladen: Westdeutscher Verlag.
– (1990). Der moderne Berufspolitiker. Karrierebedingungen und Funktion in westlichen Demokratien *Eliten in der Bundesrepublik Deutschland* Stuttgart: Kohlhammer, 28-51.
Hibbing, J. R. (1999). Legislative Careers: Why and How We Should Study Them. *Legislative Studies Quarterly* 24(2): 149-171.
Hibbing, J. R. (2002). Legislative Careers: Why and How We Should Study Them. In Loewenberg, G., S. Squire & R. D. Kiewit (Hrsg.), *Legislatures. Comparative Perspectives on Representative Assemblies.* Ann Arbor: The University of Michigan Press, 25-45.
Ismayr, W. (2000). *Der Deutsche Bundestag*. Opladen: Leske+Budrich.
Jahr, S. (2011). Career Movements across Parliamentary Levels: The German Case. In Edinger, M. & S. Jahr (Hrsg.), *Political Careers in Europe. Career Patterns in Multi-Level Systems*. Baden-Baden: Nomos.
Kaltefleiter, W. (1976). The Recruitment Market of the German Elite. In Eulau, H. & M. M. Czudnowski (Hrsg.), *Elite Recruitment in Democratic Nations*. New York: Sage, 239-262.
Katz, R. S., & Mair, S. (1995). Changing Models of Party Organization and Party Democracy: The Emergence of the Cartel Party. *Party Politics* 1(5): 5-28.
Kerr, H. H. (1973). Changing attitudes through international participation: European parliamentarians and integration. *International Organization* 27(1): 45-83.
King, A. (1981). The Rise of the Career Politician in Britain – And Its Consequences. *British Journal of Political Science* 11(3): 249-285.
Kintz, M. (2010). Die Berufsstruktur der Abgeordneten des 17. Deutschen Bundestages. *Zeitschrift für Parlamentsfragen* (3): 491-503.
Klein, M. (2006). Partizipation in politischen Parteien – Eine empirische Analyse des Mobilisierungspotenzials politischer Parteien sowie der Struktur innerparteilicher Partizipation in Deutschland. *Politische Vierteljahresschrift* 47(1): 35-61.
Krehbiel, K. (1991). *Information and Legislative Organization*. Ann Arbor: The University of Michigan Press.
Levenshtein, V. I. (1966). *Binary codes capable of correcting deletions, insertions, and reversals.*
Lorenz, R., & Micus, M. (2009). *Politische Seiteneinsteiger – Exoten in Parteien, Parlamenten, Ministerien*. Wiesbaden: VS Verlag.
Lundell, K. (2004). Determinants of Candidate Selection. The Degree of Centralization in Comparative Perspectives. *Party Politics* 10(1): 25-47.
MacKenzie, S. A. (2009). *For Mayors, the Future is Now: The Effects of Political Experience on Mayoral Reelection and Retirement.* Paper presented at the Annual Meeting of the American Political Science Association.
Manow, S. (2012). Wahlkreis- oder Listenabgeordneter, Typus oder Episode? Eine Sequenzanalyse der Wege in den Bundestag. *Politische Vierteljahresschrift* 53(1): 53-78.
Matland, R. E., & Studlar, D. T. (2004). Determinants of legislative turnover: a cross-national analysis. *British Journal of Political Science* 34(1): 87-108.
Mitchell, P. (1999). Coalition Discipline, Enforcement Mechanisms, and Intraparty Politics. In Bowler, S., D. M. Farrell & R. S. Katz (Hrsg.), *Party discipline and parliamentary government*. Columbus: Ohio State University Press, 269-287.
Mögel, N. (2008). Quereinsteiger in Deutschland. Wie kommen Fachleute in die Politik? *Public Affairs Manager* 4 (Januar): 1-32.

Moncrief, G. F. (1999). Recruitment and Retention in U.S. Legislatures. *Legislative Studies Quarterly* 24(2): 173-208.
Mosca, G. (1950 [1886]). *Die Herrschende Klasse*. München: Lehnen.
Müller, W. C. (2000). Political parties in parliamentary democracies: Making delegation and accountability work. *European Journal of Political Research* 37: 309-333.
Norris, S. (1997). *Passages to power: legislative recruitment in advanced democracies*. Cambridge: Cambridge University Press.
Norris, P., & Lovenduski, J. (1995). *Political Recruitment – Gender, Race and Class in the British Paliament*. Cambridge: Cambridge University Press.
Oberreuter, H. (1994). Die Ochsentour. Auswahl und Aufstieg von Parlamentariern. *Evangelische Kommentare* 27: 1-12.
Patzelt, W. (1996). Deutschlands Abgeordnete: Profil eines Berufsstands, der weit besser ist als sein Ruf. *Zeitschrift für Parlamentsfragen* 27: 462-502.
Patzelt, W. (2002). Recruitment and Retention in Western European Parliaments. In Loewenberg, G., S. Squire & R. D. Kiewit (Hrsg.), *Legislatures. Comparative Perspectives on Representative Assemblies*. Ann Arbor: The University of Michigan Press, 80-118.
Patzelt, W. J. (1999a). Parlamentarische Rekrutierung und Sozialisation. Normative Erwägungen, empirische Befunde und praktische Empfehlungen. *Zeitschrift für Politikwissenschaft* 46(3): 243-275.
– (1999b). Recruitment and Retention in Western European Parliaments. *Legislative Studies Quarterly* 24(2): 239-279.
Patzelt, W. J., & Edinger, M. (2011). Politik als Beruf. Zum Politischen Führungspersonal in der modernen Demokratie. In Edinger, M. & W. J. Patzelt (Hrsg.), *Politik als Beruf – Neue Perspektiven auf ein klassisches Thema*. Wiesbaden: VS Verlag, 9-30.
Pedersen, M. N., Kjaer, U., & Eliassen, K. A. (2007). The Geographical Dimension of Parliamentary Recruitment—Among Native Sons and Parachutists. In Cotta, M. & H. Best (Hrsg.), *Democratic representation in Europe: diversity, change, and convergence*. Oxford: Oxford University Press, 160-192.
Pierson, S. (2000). Not just what, but when: Timing and sequence in political processes. *Studies in American Political Development* 14(01): 72-92.
Pitkin, H. F. (1967). *The Concept of Representation*. Los Angeles: University of California Press.
Reiser, M. (2011). "Wer entscheidet unter welchen Bedingungen über die Nominierung von Kandidaten?" Die innerparteilichen Selektionsprozesse zur Aufstellung in den Wahlkreisen. In Niedermayer, O. (Hrsg.), *Die Parteien nach der Bundestagswahl 2009*. Wiesbaden: VS Verlag für Sozialwissenschaften, 237-259.
Roberts, G. (1988). The German Federal Republic: the two-lane route to Bonn. In Gallagher, M. & M. Marsh (Hrsg.), *Candidate Selection in Comparative Perspective*. London: Sage Publications, 94-118.
Saalfeld, T. (1997). Professionalisation of Parliamentary Roles in Germany: An Aggregate-Level Analysis, 1949-94. *The Journal of Legislative Studies* 3(1): 32-54.
Scarrow, S. E. (1997). Political Career Paths and the European Parliament. *Legislative Studies Quarterly* 22(2): 253-263.
Schlesinger, J. A. (1966). *Ambition and politics: Political Careers in the United States*. Chicago: Rand.
Schüttemeyer, S. S., & Sturm, R. (2005). Der Kandidat – das (fast) unbekannte Wesen: Befunde und Überlegungen zur Aufstellung der Bewerber zum Deutschen Bundestag. *Zeitschrift für Parlamentsfragen* 36: 539-553.

Literatur

Scully, R. (2005). *Becoming Europeans? Attitudes, Behaviour, and Socialization in the European Parliament*. Oxford: Oxford University Press.

Shepsle, K. A., & Weingast, B. R. (1987). The Institutional Foundations of Committee Power. *American Political Science Review* 81(1): 85-104.

Sieberer, U. (2006). Party Unity in Parliamentary Democracies: A Comparative Analysis. *Journal of Legislative Studies* 12(2): 150-178.

Sieberer, U. (2010). Behavioral consequences of mixed electoral systems: Deviating voting behavior of district and list MPs in the German Bundestag. *Electoral Studies* 29(3): 484-496.

Simmel, G. (1908). *Soziologie. Untersuchungen über die Formen der Vergesellschaftung*. Berlin: Duncker & Humblot.

Stratmann, T., & Baur, M. (2002). Plurality Rule, Proportional Representation, and the German Bundestag: how Incentives to Pork-Barrel Differ Across Electoral Systems. *American Journal of Political Science* 46(3): 506-514.

Weber, M. (1919). *Politik als Beruf*. München Leipzig: Duncker Humblot.

Weingast, B. R., & Marshall, W. J. (1988). The Industrial Organization of Congress, or: Why Legislatures , Like Firms, are not organized as Markets. *Journal of Political Economy* 96(11): 132-163.

Weßels, B. (1997). Germany. In Norris, S. (Hrsg.), *Passages to Power – Legislative Recruitment in Advaced Democracies*. Cambridge: Cambridge University Press, 76-97.

Wüst, A. M. (2009). Zur Sozialisation von Neuparlamentariern im 15. Deutschen Bundestag. In Gabriel, O. W., B. Weßels & J. W. Falter (Hrsg.), *Wahlen und Wähler*: VS Verlag für Sozialwissenschaften, 328-345.

Anhang

Im folgenden Teil werden die Interviewfragen, welche die Grundlage des letzten Teils dieser Studie bilden, vorgestellt. Es handelt sich im Wesentlichen um zwei Fragenkataloge, wobei der eine für die Experten des Deutschen Bundestags und der andere für die Abgeordneten konzipiert wurde. Der Fragenkatalog für die Experten unterscheidet sich je nach Ansprechperson und der Art der erwarteten Expertise. Zum einen wurden Mitarbeiter der Bundestagsverwaltung, zum anderen Wissenschaftler mit Forschungsschwerpunkt Deutscher Bundestag nach ihrem Spezialwissen befragt. Dasselbe gilt für den Fragenkatalog für die Mitglieder des Bundestags. Es wurde jeweils ein Fragebogen für die *Seiteneinsteiger* und ein etwas abgeänderter Fragebogen für die *Parteiochsentourler* zusammengestellt. Im folgenden Abschnitt werden alle Fragen aller Kataloge aufgelistet. In der rechten Spalte wird jeweils angegeben, an wen (Verwaltungsmitarbeiter/Wissenschaftler bzw. *Seiteneinsteiger/Parteiochsentourler*) die Frage adressiert war.

Interviewfrage	Adressaten
Zusammensetzung des Bundestags und der Fraktionen	
Eine parlamentarische Fraktion setzt sich aus Parlamentariern mit unterschiedlichen Karrierewegen und Kenntnissen zusammen. In der Literatur und in unserer Studie identifizieren wir beispielsweise die Parlamentarier mit langjähriger Parteigremienerfahrung, die Vertreter der sogenannten Ochsentour. Es gibt auch Seiteneinsteiger, die erst spät in die Partei eintreten und über weniger Parteigremienerfahrung verfügen und eine zügige politische Karriere vor dem Eintritt in das Parlament absolvierten. Außerdem gibt es sogenannte „Schnelle Karrieristen", die sehr jung in den Bundestag gewählt werden. Wie sieht Ihrer Meinung nach die ideale Zusammenstellung einer Fraktion im Bundestag aus?	Verwaltungsmitarbeiter Wissenschaftler
Wie unterscheidet sich die Zusammensetzung der Fraktionen insbesondere im Hinblick auf den Anteil der Seiteneinsteiger im Deutschen Bundestag im Vergleich zu anderen Parlamenten?	Wissenschaftler
Wie hoch schätzen Sie den Anteil Seiteneinsteiger im Deutschen Bundestag ein? Mit Seiteneinsteigern bezeichnen wir Abgeordnete mit späterem Parteieintritt und schneller politischer Karriere vor dem Eintritt in den Bundestag.	Verwaltungsmitarbeiter Wissenschaftler
Variiert der Anteil der Seiteneinsteiger zwischen den Fraktionen? Können Sie einschätzen, wie hoch der Prozentsatz der Seiteneinsteiger in den verschiedenen Fraktionen ist?	Verwaltungsmitarbeiter Wissenschaftler
Hat sich der Anteil der Seiteneinsteiger in den letzten 20 Jahren verändert? Wenn ja, ist er gestiegen oder gesunken?	Verwaltungsmitarbeiter Wissenschaftler
Karriereweg und Motivation zum Bundestagsmandat	
Könnten Sie bitte in ein paar Sätzen Ihren politischen Karriereweg bis zum Bundestagsmandat beschreiben?	Parteiochsentourler Seiteneinsteiger

Anhang

Interviewfrage	Adressaten
Warum kandidierten sie für den Bundestag? a) Es war die logische Fortsetzung meiner politischen Karriere. b) Ich hatte Interesse, meine Erfahrungen aus meinem Berufsleben in die Politik einzubringen. c) Ich wollte eine neue berufliche Herausforderung d) Ich war unzufrieden mit der bisherigen Politik und wollte mich engagieren, um etwas daran zu ändern. e) Ich wurde von Politikern/Parteimitgliedern angesprochen und überzeugt, mich aufstellen zu lassen. f) Andere Gründe *Antwortoptionen: Stimme überhaupt nicht zu/ Stimme nicht zu/ Weder noch/ Stimme zu/ Stimme voll und ganz zu/ Weiss nicht*	Parteiochsentourler Seiteneinsteiger
Welche Gründe hielten Sie davon ab, schon früher Abgeordneter zu werden? a) Ich war beruflich nicht abkömmlich. b) Aus familiären Gründen. c) Ich hatte keine Gelegenheit zum Einstieg in die Politik, weil ich die entsprechenden Leute nicht kannte. d) Ich bemühte mich, wurde aber nicht gewählt. e) Ich war nicht interessiert an Politik. f) Andere Gründe *Antwortoptionen: Stimme überhaupt nicht zu/ Stimme nicht zu/ Weder noch/ Stimme zu/ Stimme voll und ganz zu/ Weiss nicht*	Seiteneinsteiger

Kandidatenselektion

Wie wichtig waren die folgenden Gruppen bei Ihrer Nominierung für Ihren Sitz im Parlament? a) Fraktionsführung b) Parteioffizielle auf nationaler Ebene c) Parteioffizielle auf Landesebene d) Parteioffizielle auf Gemeindeebene e) Individuelle Parteimitglieder f) Nichtmitglieder der Partei g) Interessengruppen, z.B. Gewerkschaften, Verbände h) Andere Gruppen *Antwortoptionen: Überhaupt nicht wichtig/ Wenig wichtig/ Weder wichtig noch unwichtig/ Eher wichtig/ Sehr wichtig/ Weiss nicht*	Parteiochsentourler Seiteneinsteiger

Interviewfrage	Adressaten
Haben Sie mitbekommen, dass Seiteneinsteiger gezielt angeworben werden? Wenn ja, wie?	Verwaltungs- mitarbeiter
Wie stark können die einzelnen Fraktionsführungen die Listennominierung beeinflussen? Wenn dies zwischen den Fraktionen variiert, können Sie uns sagen, wie es bei den einzelnen Fraktionen gestaltet ist? *Antwortoptionen:* - *Die Landesvorstände bestimmen die Listen vollständig* - *Circa 50 % der Liste sind von der nationalen Fraktionsführung beeinflusst.* - *Circa 100 % der Liste sind von der nationalen Fraktionsführung beeinflusst.* *Angaben jeweils für CDU/CSU, SPD, FDP, Bündnis 90/ Die Grünen und Die Linke.*	Verwaltungs- mitarbeiter Wissenschaftler
Wovon hängt der Einfluss auf die Listenzusammenstellung ab? (Mögliche Prompts: „Von der Parteiorganisation?" „Von der Führungspersönlichkeit auf nationaler Fraktionsebene?")	Wissenschaftler
Was würden Sie am politischen Auswahlprozess ändern, wenn Sie die Kandidatenauswahl für den Deutschen Bundestag reformieren müssten? Nachfrage: Was würde sich dann an der Zusammensetzung der Fraktion ändern?	Verwaltungs- mitarbeiter Wissenschaftler Parteiochsentourler Seiteneinsteiger

Vor- und Nachteile von Seiteneinsteigern

Wo sehen Sie die Vorteile von Seiteneinsteigern? (Mögliche Prompts: „Besitzen sie mehr Berufserfahrung?" „Haben sie mehr Expertise in bestimmten Politikbereichen, z. B. Energie, Gesundheit?")	Verwaltungs- mitarbeiter Wissenschaftler
Wo sehen Sie die Nachteile von Seiteneinsteigern? (Mögliche Prompts: „Haben sie zu wenig Erfahrung mit den Medien?" „Haben sie Schwierigkeiten, mangelnde Kontakte in der Fraktion aufzuholen?" „Fällt es Seiteneinsteigern schwer, die parlamentarischen Spielregeln zu lernen?")	Verwaltungs- mitarbeiter Wissenschaftler

Interviewfrage	Adressaten
Parlamentarier unterscheiden sich u. a. aufgrund ihrer Karrierewege. Es gibt Parlamentarierinnen und Parlamentarier, die sich über mehrere Jahre in den Parteiverbänden engagierten und aufgrund dieser Arbeit zu ihrem Mandat gelangen. Andere Parlamentarier treten später in die Partei ein und gelangen mit weniger Erfahrung in den Parteigremien in den Bundestag; sie werden in der Literatur Seiteneinsteiger genannt. Wo sehen Sie die Unterschiede von den Seiteneinsteigern zu den Parlamentariern mit langjähriger Parteigremienerfahrung? a) In der Arbeit in der Fraktion? Nachfrage: Können die Seiteneinsteiger langjährige Kontakte aufholen? b) In der Arbeit in Ausschüssen? Nachfrage: Können die Seiteneinsteiger den Wissensvorsprung von manchen altgedienten Kolleginnen und Kollegen aufholen? c) In der Arbeit im Plenum? Nachfrage: Wie schwer fällt es den Seiteneinsteigern, im Plenum zu reden und die parlamentarischen Spielregeln zu lernen? d) Beim Abstimmungsverhalten? Nachfrage: Weichen Seiteneinsteiger häufiger von der Parteilinie ab? Wenn ja, variiert das zwischen den Fraktionen? e) Bei Kontakten zur Fraktionsführung? Nachfrage: Werden die Seiteneinsteiger als Favorit der Fraktionsführung angesehen oder fühlten Sie sich eher marginalisiert, weil Sie noch nicht so gute Kontakte in der Fraktion hatten? f) Bei Kontakten zu den Wählern? Nachfrage: Wie schwierig ist es für die Seiteneinsteiger, Kontakte zu den Wählern aufzubauen, welche Maßnahmen treffen Sie? g) Hinsichtlich der Kontakte zu Interessengruppen? Nachfrage: War es notwendig, dass die Seiteneinsteiger Kontakte zu Interessengruppen aufbauten oder wandten diese sich an Sie? h) Hinsichtlich der Expertise in bestimmten Politikbereichen? Nachfrage: Wie kommen die Seiteneinsteiger Ihrer Meinung nach mit der Informationsflut zu Recht und dem Bedürfnis der Öffentlichkeit, zu allem eine Meinung und Einschätzung zu verlangen?	Verwaltungsmitarbeiter Parteiochsentourler Seiteneinsteiger
In Untersuchungen über Parlamentarier, die keine langjährige Erfahrung in lokalen Parteigremien haben, wird berichtet, dass Seiteneinsteiger nach Übernahme ihres Mandats sich darum bemühen, sich „lokal abzusichern". Sie suchen sich einen Wahlkreis und lassen sich in lokale und regionale Parteigremien wählen. Konnten Sie dies auch schon bei Seiteneinsteigern beobachten?	Verwaltungsmitarbeiter

Interviewfrage	Adressaten
In Untersuchungen über Parlamentarier, die keine langjährige Erfahrung in lokalen Parteigremien haben, wird berichtet, dass Seiteneinsteiger nach Übernahme ihres Mandats sich darum bemühen, sich „lokal abzusichern". Sie suchen sich einen Wahlkreis und lassen sich in lokale und regionale Parteigremien wählen. Haben Sie ähnliches nach Aufnahme Ihres Mandats auch unternommen?	Seiteneinsteiger
Im Folgenden konfrontieren wir Sie mit einigen Aussagen und Meinungen über die Rolle von Seiteneinsteigern und sogenannten Parteisoldaten. Mit Seiteneinsteigern bezeichnen wir Personen, die die klassische Ochsentour durch die Parteigremien nicht bzw. deutlich schneller als der Durchschnitt absolviert haben. Welchen Aussagen stimmen Sie zu? a) Seiteneinsteiger bereichern die parlamentarische Arbeit, weil sie hohe Sachkompetenz durch ihre Berufserfahrung mitbringen. b) Seiteneinsteiger kennen den politischen, parlamentarischen Prozess nicht ausreichend und haben deshalb Mühe, ihre Ideen im Parlament umzusetzen. c) Es ist wünschenswert, dass ein Parlamentarier Auslandserfahrung (Aufenthalt von mehr als 3 Monaten) im Ausland besitzt. d) Die derzeitigen Bundestagsabgeordneten haben generell ausreichende Sprachkenntnisse. e) Es ist wichtig, dass ein Parlamentarier mindestens eine Fremdsprache verhandlungssicher spricht. f) Im parteiinternen Wettbewerb um Positionen haben Seiteneinsteiger das Nachsehen und langgediente Parteimitglieder haben größere Chancen. g) Erprobte Berufspolitiker haben im Gegensatz zu Seiteneinsteigern prozedurale Kenntnisse über den Ablauf politischer Prozesse, z. B. wo man wie intervenieren muss, um ein Ziel zu erreichen und die entsprechenden Mehrheiten zu erhalten. h) Seiteneinsteiger haben zu wenige Kenntnisse über die Probleme der Bürger vor Ort. *Antwortoptionen: Eher falsch/ Weder falsch noch richtig/ Eher richtig*	Verwaltungsmitarbeiter Wissenschaftler Parteiochsentourler Seiteneinsteiger
Welche Kenntnisse und welche Fähigkeiten veränderten sich nach der Aufnahme Ihres Bundestagsmandats? a) Umgang mit der Presse und den Medien? b) Umgang mit den Wählern? c) Fachkenntnisse in bestimmten Politikbereichen? d) Netzwerke/Kontakte in der Fraktion?	Parteiochsentourler Seiteneinsteiger

Interviewfrage	Adressaten
Wo sahen Sie Ihre größten Herausforderungen nach der Übernahme des Mandats?	Parteiochsentourler Seiteneinsteiger
Welche Empfehlungen würden Sie Abgeordneten geben, die später als Ihre Kollegen in den Bundestag gewählt werden, sogenannte Seiteneinsteiger?	Verwaltungsmitarbeiter Seiteneinsteiger

Zukünftige Karriereentwicklung

Werden Sie sich für eine weitere Amtsperiode zur Verfügung stellen? *Antwortoptionen: Ja/ Nein/ Weiss noch nicht*	Parteiochsentourler Seiteneinsteiger
Was entspricht im Moment Ihrer idealen Karriereweiterentwicklung? *Antwortoptionen:* - *Politische Karriere im Bundestag so wie bisher/auf einer ähnlichen Position wie heute* - *Politische Karriere im Bundestag mit höheren Ämtern, z. B. Fraktionsvorsitz, Ausschussvorsitz* - *Nach ein bis zwei Legislaturperioden Rückkehr in meine vorherige berufliche Tätigkeit* - *Anderes (Pension, Aussteiger)*	Parteiochsentourler Seiteneinsteiger

Einstellungen zu Repräsentation

Wenn auf einer Skala 0 „politisch links" bedeutet und 10 „politisch rechts", wo würden Sie sich persönlich einordnen? Wenn auf einer Skala 0 „politisch links" bedeutet und 10 „politisch rechts", wo würden Sie Ihre Fraktion einordnen?	Parteiochsentourler Seiteneinsteiger
Wenn Sie an Ihre eigene Tätigkeit im Parlament denken, sehen Sie sich da eher als Generalist oder als Fachpolitiker?	Parteiochsentourler Seiteneinsteiger

Interviewfrage	Adressaten
Im Folgenden möchten wir Ihnen gerne ein paar allgemeinere Fragen zu Ihrem Repräsentationsverständnis und Ihrer Arbeit in der Fraktion stellen. Wie wichtig sind die folgenden Aspekte Ihrer Arbeit als Mitglied des Bundestages für Sie persönlich? a) Gesetzgebung b) Parlamentarische Kontrollfunktion c) Bekanntmachung wichtiger gesellschaftlicher Interessen und Ansprüche d) Vermittlungsrolle zwischen verschiedenen gesellschaftlichen Interessen e) Vertretung einzelner gesellschaftlicher Gruppierungen und ihrer individuellen Interessen (wenn ja, welche?) *Antwortoptionen: Überhaupt nicht wichtig/ Wenig wichtig/ Weder wichtig noch unwichtig/ Eher wichtig/ Sehr wichtig/ Weiss nicht*	Parteiochsentourler Seiteneinsteiger
Wie oft haben Sie Kontakt mit den folgenden Personen oder Institutionen? a) Individuelle Bürgerinnen und Bürger b) Interessengruppen c) Lobbyisten d) Journalisten e) Parteivorsitzende der eigenen Partei f) Minister *Antwortoptionen: Mehr als einmal pro Woche/ Einmal pro Woche/ Einmal pro Monat/ Einmal pro Quartal/ Einmal pro Jahr/ Seltener/ Nie*	Parteiochsentourler Seiteneinsteiger
Erhalten Sie Empfehlungen, wie Sie im Bundestag abstimmen sollen? Wenn ja, bei wie viel Prozent der Gesamtheit aller Abstimmungen der laufenden Legislatur haben Sie Empfehlungen von den folgenden Gruppen / Personen erhalten? a) Fraktionsführung b) Parlamentarier meiner Fraktion c) Parteipräsidium auf nationaler Ebene d) Regierung meines Bundeslandes e) Parteipräsidium meiner Landespartei f) Einzelne Bürgerinnen und Bürger g) Gewerkschaften h) Interessengruppen i) Andere Gruppen *Antwortoptionen: von nie bis 100% aller Abstimmungen*	Parteiochsentourler Seiteneinsteiger

Anhang

Interviewfrage	Adressaten
Wie wichtig ist es für Sie, durch Ihr Amt folgende Gruppen / Ansichten zu repräsentieren? a) Alle Wählerinnen und Wähler meiner nationalen Partei b) Alle Wählerinnen und Wähler meiner Landespartei c) Meine Wählerinnen und Wähler d) Meine nationale Partei e) Meine Landespartei f) Meinen Wahlkreis g) Meinen Berufsstand h) Bestimmte gesellschaftliche Gruppierungen i) Gewerkschaften j) Verbände k) Meine eigenen Ansichten l) Andere Gruppen *Antwortoptionen: Überhaupt nicht wichtig/ Wenig wichtig/ Weder noch/ Eher wichtig/ Sehr wichtig/ Weiss nicht*	Parteiochsentourler Seiteneinsteiger
Bitte beurteilen Sie untenstehende Aussagen: a) Über interne Fraktionsdiskussionen sollten Fraktionsangehörige nichts nach außen verlauten lassen. b) Wenn die Fraktionsmeinung mit den eigenen Prinzipien kollidiert, ist es richtig, mit der Fraktion zu stimmen. c) Es sollten keine politischen Initiativen ohne Autorisation durch die Fraktion ergriffen werden. d) Für unsere Fraktion ist es sehr wichtig, geschlossen aufzutreten. e) Eine Fraktionsführung sollte so gut wie möglich die Geschlossenheit der Fraktion gewährleisten. Dazu sind auch weitreichende Mittel wie Verweigerung bestimmter parlamentarischer Posten wie Kommissionssitze etc. legitim. *Antwortoptionen: Stimme überhaupt nicht zu/ Stimme nicht zu/ Weder noch/ Stimme zu/ Stimme voll und ganz zu/ Weiss nicht*	Parteiochsentourler Seiteneinsteiger

The manufacturer's authorised representative in the EU is Springer Nature Customer Service Centre GmbH, Europaplatz 3, 69115 Heidelberg, Germany. If you have any concerns regarding our products, please contact ProductSafety@springernature.com

Printed and bound by CPI Group (UK) Ltd, Croydon, CR0 4YY

23/03/2026

02076446-0005